무조건 싸게 사는
부동산 경매

무조건 싸게 사는 부동산 경매

네이마리(백희진) 지음

체인지업
CHANGEUP

프롤로그

완벽한 실패, 그 이후의 삶

내 꿈은 호텔 총지배인이었다.

TV 속 멋진 모습에 반해 호텔경영 전공 후 대학원을 나왔고, 서울 특급 호텔에 취직해 F&B 식음료 팀에서 1년, 경영지원팀에서 6년을 근무했다. 꿈이었던 호텔리어만 되면 모든 것이 해결될 거라 믿었는데, 적은 임금에 발목이 잡히고 말았다.

2006년, 당시 내 월급은 200만 원 남짓이었다. 부모님의 형편 역시 그리 좋지가 않아 손을 벌리기 어려웠고, 매달 나가는 학자금대출과 고정적인 생활비는 하루하루 나의 숨통을 조여왔다. 투자는커녕 저축도 쉽지 않은 실정이었고, 회사에 대한 불신과 미래에 대한 불안감이 투자에 대한 갈증을 더욱 증폭시켰다. 이대로라면… 미래는 뻔했다. 그즈음부터 나는 자취방이 있던 북아현동 달동네 언덕에 올라 서울 시내를 자주 내려다보았다.

"내게도 밝은 미래라는 게 있을까?"
"이 자본주의 세상에서, 내가 설 곳이 있을까?"

근로소득만으로는 해결되지 않는 문제라 생각했고, 그때 인생 첫 투자를 결심했다. 종목은 다름 아닌 주식이었다. 경영학을 전공했고, 열정과 패기가 있었기에 자신감이 하늘을 찔렀다. 주식의 '주' 자도 모르면서 수년간 저축해 모은 1,000만 원을 계획도 없이 몽땅 투자했다.

시간이 흐를수록 돈이 부족하다는 생각에 신용거래와 단타가 잦아졌다. 매수와 매도가 반복될수록 우량주에서 테마주로 바뀌었고, 나중에는 한방 투자를 위해 동전주로 이동하고 있었다. 투자를 하는 건지 도박을 하는 건지 분간이 안 될 정도로 주식에 빠져들었다. 결국 반대매매(고객 의사와 상관없이 주식을 강제로 매도 처분하는 매매)까지 다다르며 계좌는 사망 선고를 받게 되었다. 그렇게 내 인생의 첫 투자는 '완벽한 실패'로 끝났다.

희망이 없다고 생각하면서도 한편으로는 성공에 더욱 목말라 있었다. 전 재산을 투자한 주식이 보기 좋게 실패로 끝났지만, 이대로 주저앉기엔 너무 젊고, 빚이 없다는 게 무기라면 무기였다. 그때부터였다. 진짜 벼랑 끝에 서 있다는 생각으로 부동산 서적을 뒤지기 시작했고, 가장 저렴한 빌라들을 찾아 기웃거렸다. 내가 가진 돈이라고 해봐야 적금을 해지한 900만 원이 전부였기에 투자할 수 있는 물건은 지극히 한정적이었다. 그 돈으로 서울 부동산 투자처를 찾으려니 쉽지 않았고, 결국 고향인 대전까지 내려가 매물을 찾았다.

그렇게 다니길 몇 달째, 마침내 매물을 선정했고 4,000만 원짜리 구축 빌라로 첫 부동산 투자를 시작했다. 자본금 900만 원에 주택담보대출 2,000만 원, 신용대출 1,300만 원으로 모든 것을 해결할 수 있었다. 당시 근로 소득자였기에 신용대출이 꽤 잘 나왔는데 금리가 높아 임차인을 1,000만 원/30만 원으로 맞춘 후 임차보증금으로 신용대출을 갚았다. 나는 그렇게 부동산 시장에 첫발을 들이게 되었고, 그 이후 내 인생은 조금씩 달라졌다.

매달 나오는 월세 30만 원이 화수분처럼 보였고, 이런 화수분을 여러 개 갖고 싶다는 생각에 마음이 조급해지기 시작했으며 추가 대출이 가능한지도 여러 은행에 문의했다.

"죄송하지만, 이 연봉으로는 추가 대출이 힘들 것 같습니다."

(알고는 있었지만) 현실의 벽은 높았다. 돈이 없으니 사고 싶어도 못 사고, 하고 싶어도 할 수 없었다. 다음 투자를 이어가려면 자본금이 더 필요했고 시드를 더 모아야만 했다.

첫 빌라 매입 후 다음 투자를 위해 시드를 모으는 2년간은 아무것도 할 수 없었다. 그렇다고 넋 놓고 있을 내가 아니었기에 그사이 경매 공부에 열중했다. 첫 투자였던 빌라 매물을 찾으러 다니면서도 머릿속엔 온통 "어떻게 하면 더 싸게 살 수 있을까?", "더 싸게 매수하는 방법은 없을까?" 하는 생각뿐이었다. 그 질문의 해답이 경매였고, 경매만이 나를 경제적 자유로 이끌어 줄 거라 여기며 공부에 열중했다.

그렇게 시드가 어느 정도 모이자 경매 입찰을 위해 법원으로 향했다. 몇 번의 입찰과 패찰을 반복한 끝에 드디어 첫 낙찰을 받았다. 내 투자처는 빌라였고 수익형(월세) 투자였기에 나의 부는 크게 늘지 않았다. 또한 당시에는 서브프라임모기지 사태로 부동산 시장 흐름도 좋지 못해 경매 투자를 이어오며 후회한 적도 있었다. 수년간 경매 시장에서 500만 원~1,000만 원 차익으로 사고팔고를 반복하며 수익을 만들어 왔는데, 남들은 아파트 한 채 투자로 시세 상승이 수천만 원~수억 원에 달하니 '내가 투자를 잘못하고 있구나'라는 생각을 지울 수 없었다. 그렇게 초보 투자자는 본인의 투자법과 선택을 원망하고 또 원망했다.

그러나 노력은 배신하지 않는 법…. 경매 투자를 이어갈수록 나름의 투자원칙과 노하우가 생겼고, 매수해 놓았던 빌라들이 재개발지로 묶이게 되었다. 또한 경매를 통해 수도권 재개발지 세 곳을 낙찰받았고, 그중 한 곳은 1,000만 원의 투자금으로 3억 원이 넘는 수익을 맛보았다. 그렇게 투자를 반복하며 내 실력과 등기는 하나둘 늘어났고 어느새 분양권, 입주권, 재개발지, 상가, 빌라, 땅, 아파트까지 총 15개의 부동산을 가진 전업투자자가 되어 있었다.

젊은 20대 시절, 내가 박봉이 아닌 꽤 잘나가는 대기업에 입사했다면 지금의 길을 걸을 수 있었을까? 만약 내가 주식으로 돈을 벌었다면 부동산 투자를 생각했을까? 만약 내가 소액으로 빌라에 투자하지 않고 돈을 모아 아파트에 투자했다면 지금의 경험을 쌓을 수 있을까? 아마 하나라도 달랐다면 현재의 나는 존재하지 않을 것이다. 당시의 실패와 갈망들이 나를 경매

법원으로 이끌었고, 투자원칙과 실력을 키워준 것이다.

개척하는 자에겐 반드시 기회가 온다. 이 책을 읽는 것에서 그치지 말고 반드시 행동으로 옮기자. 경매 투자자로서의 성패는 결국 여러분에게 달려 있다.

2023년 여름
네이마리 올림

목차

Chapter 2 권리분석의 모든 것

Chapter 3 매각물건명세서 익히기

Chapter 4 　물건 선정과 입찰

Chapter 5 　명도 협상과 강제집행

Chapter 6 　배당

Chapter 7 　경매 투자 노하우

책 속 부록 　경매 입찰 기재 요령

경매란 경쟁을 통한 매매로 물건을 파는 매도인이 사고자 하는 다수의 사람에게 매수 입찰을 실시하여 가장 높은 가격으로 입찰한 사람에게 물건을 매각하는 거래를 말한다. 일반적 경매의 경우 매도의 목적으로 진행되지만, 부동산 경매의 경우 대부분 채권자가 채무자에게 상환받지 못한 채권을 회수할 목적으로 실시한다. 채권자는 돌려받지 못한 채무에 한해 법원에 요청하여 채무자의 부동산을 압류 후, 경매를 통해 채무자의 물건을 매각하고 매각대금으로부터 채권을 변제받는 것이 법원경매의 대표적 예라고 볼 수 있다.

Chapter 1

경매,
너는 누구니?

경매가 진행되는 이유

우리는 살면서 '경매'라는 단어를 꽤 많이 접한다. 경매에 참여해보지 않아도 이 단어가 가진 뉘앙스 정도는 누구나 알고 있다는 것이다. 그렇다면, 이 경매라는 건 뭘까?

경매가 진행되기 전에는 반드시 금전거래가 먼저 발생한다. 금전 관계에 있어 돈을 빌린 채무자는 돈을 빌려준 채권자에게 이자 및 원금을 상환해야 할 의무가 있다. 하지만 채무자의 경제적 여건이 점점 악화되어 다른 빚이 생기고 이자까지 갚지 못하는 처지가 된다면 어떻게 될까? 오히려 돈을 빌려준 채권자가 불안해질 수밖에 없다. 그래서 채무자가 이자 및 원금 상환 의무를 제대로 이행치 않는다면 채권자는 이를 근거로 채무자의 재산 매각을 법원에 요청할 수 있는데, 이 일련의 과정이 바로 '경매'다.

돈을 돌려받지 못해 선의의 피해를 본 채권자는 채무자의 재산을 매각해 줄 것을 법원에 요구하고, 법원은 경쟁 입찰을 통해 가격을 가장 높게 제시한 최고가매수신고인(낙찰자)에게 매각하여, 매각대금으로부터 채권자가 돌려받지 못한 돈을 변제받는다. 간혹 경매로 넘어가는 집을 낙찰받으면 남의 눈물을 돈으로 사는 행위 또는 안타까운 사연의 물건을 헐값에 사는 행위라 말하며 낙찰자를 손가락질하거나 경매 시장 자체를 비판하는 시선도 존재한다. 그러나 이는 사실이 아니다. 경매에 있어 최고가매수인은 돈을 돌려받지 못한 채권자의 피해를 가장 많이 복구해주며, 채무자의 채무를 가장 많이 갚아주는 '해결사'이기 때문이다.

경매로 매수하는 물건의 경우 자금조달계획서 및 토지거래허가구역의 실거주 의무 제외 등의 혜택을 주면서까지 경매 시장을 활성화하는 까닭은 다름 아닌 피해자의 '피해회복(채권회수)'이다. 돈을 빌리고 갚지 않는(못하는) 채무자를 안타깝고 불쌍히 여길 수 있으나 실제 피해자인 채권자의 피해복구가 더 우선시되어야 하며, 이를 가장 높은 가치로 해결하는 사람이 바로 최고가매수인이다. 그러니 경매 공부를 시작하는 사람들은 경매의 순기능을 잘 이해하고, 죄책감이나 부담감으로 인해 공부를 포기하는 일이 없어야 한다.

- **채무자:** 돈이나 급부를 빌린 사람
- **채권자:** 돈이나 급부를 빌려주거나 청구할 권리를 가진 사람(집을 담보로 은행에 돈을 빌렸다면 빌린 사람이 채무자, 빌려준 은행은 채권자)
- **자금조달계획서:** 규제지역 내 부동산 취득 시, 자금의 출처를 밝혀 정당한 방식으로 구매했음을 증명하는 서류(계약 후 30일 이내 증빙서류와 함께 제출)

입찰참여 자격

　부동산 경매를 잘 모르는 사람들은 아직도 경매 참여에 높은 제한이 있다고 생각한다. 하지만 경매 입찰은 아래에 해당하는 사람을 제외하고는 누구나 부동산 경매 입찰에 참여할 수 있다.

☑ 입찰참여 제한

- 법정대리인의 동의 없는 미성년자
- 채무자
- 매각 절차에 관여한 집행관
- 매각 부동산을 평가한 감정평가법인 및 감정평가사
- 매각사건 이해관계가 있는 법관 및 법원사무관
- 재매각 사건의 경우 미납한 전 낙찰자

입찰 당일 출장이나 다른 일정으로 입찰이 불가하다면 친구나 가족 등의 대리인을 내세워 입찰에 참여할 수 있으며, 경매에 대해 잘 모른다면 매수신청대리인 등록을 한 공인중개업자를 통해서도 입찰에 참여할 수 있다. 대리인을 통해 입찰할 때는 본인의 인감도장이 날인된 위임장과 인감증명서, 대리인의 신분증 및 도장이 필요하다(필요서류에 관한 안내는 〈Chapter 4. 물건 선정과 입찰〉의 '입찰자 준비사항'에서 자세히 설명하겠다).

경매를 시작해야 하는 이유

입찰 진행 내용

구분	입찰기일	최저매각가격	상태
1차	2022-09-21	1,603,000,000	유찰
2차	2022-11-16	1,282,400,000	유찰
3차	2022-12-21	1,025,920,000	유찰
4차	2023-01-18	820,736,000	낙찰

낙찰 1,067,777,000원 (67%)
(응찰 : 45명 / 낙찰자 : 한███████████ / 차순위 : 1,051,000,000원)
매각결정기일 : 2023.01.25 - 매각허가결정

랭킹순 | 최신순 | 낮은가격순 ↓ | 면적순

목동한신청구 111동
매매 13억
아파트 · 103A/84m², 8/15층, 동향
`25년이상` `올수리` `역세권` `대단지`
`확인 23.01.26.` `중개사 15곳 ∨`

목동한신청구 111동
매매 13억~14억
아파트 · 103B/84m², 7/15층, 동향
`25년이상` `올수리` `역세권` `대단지`
`확인 23.01.26.` `중개사 10곳 ∨`

목동한신청구 116동
매매 14억 1,000
아파트 · 103A/84m², 6/15층, 남향
남향 구수리 입주가능 9호선초역세권
`신용공인중개사` `부동산뱅크 제공`
`확인 23.01.26.`

출처: 두인경매 / 네이버 부동산

　올 초 리모델링 추진 중인 목동한신청구아파트가 경매로 나왔고, 10억 6,778만 원에 낙찰되었다. 당시 네이버 최저가보다 약 2억 3,000만 원 정도

입찰 진행 내용

구분	입찰기일	최저매각가격	상태
1차	2022-10-20	1,130,000,000	유찰
2차	2022-11-24	904,000,000	유찰
3차	2023-01-12	723,200,000	낙찰

낙찰 736,100,791 원 (65%)
(응찰 : 2명 / 낙찰자 : 박 ○○○ / 차순위 : 724,894,625)
매각결정기일 : 2023.01.19 - 매각허가결정

신림현대 104동
매매 9억 5,000
아파트 · 118/105㎡, 4/15층, 남향
25년이상 대단지 방네개이상
확인 23.01.11. 중개사 2곳 ∨

신림현대 110동
매매 9억 6,000
아파트 · 118/105㎡, 5/15층, 남향
25년이상 대단지 방네개이상 화장실두개
확인 23.01.26. 중개사 3곳 ∨

신림현대 110동
매매 11억
아파트 · 118/105㎡, 저/15층, 남향
올수리남향. 단지초입편리 경전철 5월개통

출처: 두인경매 / 네이버 부동산

저렴하게 낙찰받았고, 2023년 6월 기준 14억 원 이상에 거래되고 있다.

비슷한 시기에 경매로 나온 신림현대아파트 36평형은 7억 3,610만 원에 낙찰되었다. 네이버 최저가보다 약 2억 1,400만 원 정도 저렴하게 매수하였고, 2023년 6월 기준 10억 원 정도에 거래되고 있다.

이처럼 합법적으로 부동산을 가장 저렴하게 살 수 있는 것이 바로 경매다. 비교적 적은 금액으로 내 집 마련이나 부동산 투자를 할 수 있으니 이는 곧 투자 경쟁력이 된다. 경매의 장점에 대해 좀 더 구체적으로 알아보자.

① 저렴한 가격

경매의 가장 큰 장점이다. 어느 정도의 위험 요소가 따르지만, 권리관계에 문제없는 안전한 물건에 접근한다면 큰 어려움 없이 저렴한 가격에 매수할 수 있다. 기본기만 확실히 다져 놓는다면 권리분석에 대한 두려움을 갖지 않아도 된다는 뜻이다.

② 부업과 투잡

경매를 '부업화'하거나 '투잡'으로 활용해 수익을 볼 수 있다. 실제로 주변 직장인들도 평일 오전 입찰을 위해 반차나 연차를 쓰기도 하며, 휴가가 어렵다면 대리 경매나 업체를 활용하여 '경매 매수신청대리'를 한다. 부업을 위해 무인 가게나 배달 등을 하는 사람들도 있지만, 시간과 수익적인 면에서 경매를 능가하지는 못할 것이다.

③ 물건의 다양성

부동산 경매를 시작하는 사람들 대다수는 주거용 주택, 특히 아파트를 저렴하게 낙찰받기 위해 공부를 시작한다. 그런 만큼 아파트는 경쟁률이 높고 낙찰가율 또한 높다. 바꿔 말하면 시세 대비 저렴한 가격에 낙찰받기가 쉽지 않다는 뜻이다. 하지만 눈을 조금만 돌리면 빌라, 오피스텔, 상가, 대지, 임야, 도로, 공장, 자동차까지 다양하고 많은 물건이 있음을 알 수 있다. 이들은 아파트보다 경쟁률이 낮고 낙찰가율도 낮기에 시세 대비 더 저렴한 가격에 낙찰된다. 대부분의 사람들이 빌라는 팔기 어렵다 말하지만, 나는 수십 채를 낙찰받고 매도한 경험이 있다. 급매가보다 더 낮은 가격에 낙찰 후 급매가로 매도한다면, 내 물건이 매수 후보 1순위이기에 매수를 희망하는 사람 1명만 나타나면 된다. 오히려 수익이 높고 잘 팔리는 경우도 많기에 남들이 선호하지 않는 물건에서 기회를 찾는 연습도 필요하다.

④ 중개사기 및 사고율 제로

요즘은 부동산 중개수수료도 부담스러우며, 중개 과정에서 생각지 못한 사고도 일어난다. 전세난이 심각했을 때는 월세로 내놓은 물건을 전세 계약이라 속이고 중개인이 보증금을 가로채 잠적하는 일도 있었다. 이처럼 수억 원이 오가는 거래 과정에서 갖가지 변수는 생기기 마련이며, 그에 따른 손해가 발생하기도 한다. 하지만 경매는 법원이 주관·중개하기에 별도의 거래 수수료가 발생하지 않는다. 또한 부동산 사기 및 사고, 변심으로 인한 계약 파기가 없어 안전한 매수가 가능하다.

⑤ 규제의 면제

투기 방지를 위해 토지거래 허가구역 내 주택 매수 시 실거주 의무가 발생하는데, 경매 낙찰 시 실거주 의무는 없으며 별도의 거래 허가는 받지 않아도 된다. 민사집행법 예외 규정에 따라 부동산 규제의 면제가 생기는 것이다. 자금조달계획서 제출이나 부동산거래 신고 의무 또한 없다.

경매 참여 시 주의할 사항들도 있는데, 경매 입찰에 있어 권리분석 실패나 사소한 실수는 큰 손해로 이어질 수 있다는 것을 명심해야 한다. 실제 입찰보

이투데이 2021.10.20.   ⋮
아차! 실수로 낙찰포기...**경매**열풍 속 몰수보증금 300억
업계에선 낙찰자가 경쟁자 16명을 누르고 물건을 손에 넣었지만 '0'을 하나 더 **오기입**한 것으로 보고 결국엔 계약을 파기할 가능성을 점치고 있다. 올해 7개월간 ...

뉴스1 PiCK 2020.02.01. 네이버뉴스   ⋮
'0' 하나 더 써서...지난해 **경매 입찰보증금** 몰수액 500억 넘어
낙찰자는 결국 매수를 포기했고 **보증금** 3620만원(최저 **입찰가**의 10%)를 고스란히 날렸다. 위 사례를 보고 어처구니없다고 생각할 수도 있지만, 매년 **오기입** 등으로...

출처: 네이버 뉴스

증금을 미납하는 대표적 사례는 권리분석 실패와 입찰가 오기입(입찰가격 1억 원을 쓰려 했으나 0을 하나 더 써서 10억 원으로 입찰) 등이 있다. 또한 시세를 잘 못 파악하여 고가에 낙찰받는 바람에 입찰보증금을 포기하는 경우도 많다.

키워드

- **토지거래 허가구역:** 지가의 급격한 상승 우려가 있는 지역에 투기를 방지하기 위해 설정하는 구역
- **부동산거래 신고:** 계약이 체결된 날부터 30일 이내 매도인, 매수인, 공인중개사는 부동산 소재지 관할 시장, 군수 또는 구청장에게 거래를 신고해야 한다. 국토부 부동산거래관리시스템을 통해 온라인으로 신고 가능하며, 공인중개사가 매매 계약서를 작성했을 경우 공인중개사가 신고해야 한다.

핵심요약

경매를 시작해야 하는 이유

- ✓ 저렴한 가격
- ✓ 부업이나 투잡 가능
- ✓ 다양한 물건
- ✓ 수수료 X, 사기 및 사고 방지 O
- ✓ 부동산 규제 면제

경매의 종류

법원에서 진행되는 부동산 경매는 임의경매, 강제경매, 형식적 경매로 구분할 수 있다.

① 임의경매

임의경매란 채무자가 채무불이행 시 채권자가 담보 형태로 부동산에 설정한 저당권, 근저당권, 질권, 전세권, 담보가등기 등의 담보권을 실행하여 별도의 재판 없이 법원에 경매신청하는 것을 말한다. 담보권을 가지고 있는 사람에 의해 경매가 신청되기에 별도의 집행권원(판결문)이 필요치 않은 것이 특징이다. 예컨대 은행에서 고액의 돈을 빌릴 때 은행은 신용만으로 고액의 돈을 빌려줄 리 없기에 담보가 될 만한 주택에 근저당을 설정 후 주택담보대출을 실행해줄 것이다. 그리고 원리금 상환이 제때 이루어지지 않을 시, 은행은 설정된 근저당권을 근거로 별도의 재판을 거치지 않고 곧바로 법원에 해당 주택을 경매신청할 수 있다.

② 강제경매

강제경매는 채무자가 채무불이행 시 채권자가 별도의 재판을 통해 집행권원(판결문)을 부여받은 후, 이를 바탕으로 경매신청하는 것을 말한다. 집행권원을 근거로 법원에 경매신청을 하면, 법원은 채무자의 부동산을 압류후 강제 매각한다. 계약 기간이 종료된 세입자가 있다고 가정했을 때, 전세보증금을 돌려받지 못한 임차인은 임대인에게 전세보증금 반환청구소송을 진행할 것이고 판결문과 집행문을 근거로 경매를 신청하면 강제경매가 진행된다. 그 외에도 신용카드나 기타 대금 등을 연체했다면, 카드사나 채권자가 채무자의 부동산에 가압류 설정 후 강제경매를 진행할 수 있다.

③ 형식적경매

형식적경매는 현금화를 위한 경매로, 공유물 분할을 위한 형식적 경매와 청산을 위한 형식적 경매로 나눌 수 있다. 공유물 분할을 위한 형식적 경매는 공동으로 소유하고 있는 부동산을 경매신청하여 현금화하기 위한 경매다. 통상적으로 공동소유자 간에 협상이나 협의가 되지 않을 때, 공유자는 법원에 분할을 청구하여 경매로 매각 후 매각대금으로부터 각자의 소유 지분만큼 분할한다. 청산을 위한 형식적 경매는 상속받은 부동산을 청산하기 위해 상속인이 법원의 경매 절차를 형식적으로 빌려서 하는 것을 의미한다.

- **집행권원:** 국가 강제력에 의해 집행력을 가지고 있는 공정증서(판결문, 이행권고 결정, 지급명령, 화해조서정본 등)
- **가압류:** 추후 강제집행을 목적으로 채무자의 재산을 임시로 압류하는 일(채무자가 재산을 숨기거나 팔아버릴 우려가 있는 경우 가압류를 걸어 예방)

핵심요약

✓ **임의경매:** 부동산에 설정한 저당권, 근저당권, 질권, 전세권, 담보가등기 등의 담보권을 실행하여 별도의 재판 없이 법원에 경매신청하는 것
✓ **강제경매:** 별도의 재판을 통해 집행권원(판결문)을 부여받은 후, 이를 바탕으로 경매신청하는 것
✓ **형식적경매:** 현금화를 위한 경매

경매 진행 절차

금전거래나 재산과 관련된 분쟁은 늘 일어나기 마련이다. 돈을 빌린 채무자가 악의로, 혹은 불가피하게 돈을 갚지 않는다면(못한다면) 돈을 빌려준 채권자는 피해를 볼 것이고, 이에 대한 뚜렷한 해결책을 찾지 못하면 어쩔 수 없이 법의 힘을 빌려 판결을 구한다. 이때 채권자는 자신의 채권 회수를 위해 담보된 재산의 처분을 위하여 임의경매나 집행권원에 따른 강제경매를 법원에 신청하게 된다. 경매에 참여하는 입찰자가 경매 진행 절차를 알아둔다면, 단계별 진행 과정과 소요 시간을 파악할 수 있어 편리하다. 기본적인 경매 진행 절차를 살펴보자.

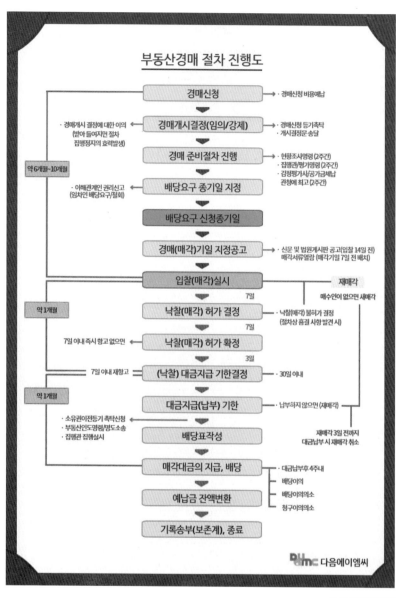

부동산경매 절차 진행도

- 경매신청 → · 경매신청 비용예납
- 경매개시결정(임의/강제) → · 경매신청 등기촉탁 · 개시결정문 송달
  - · 경매개시 결정에 대한 이의 (받아 들여지면 절차 집행정지의 효력발생)
- 경매 준비절차 진행 → · 현황조사명령 (2주간) · 집행관/평가명령 (2주간) · 감정평가사/공가금체납 관청에 최고 (2주간)
- 배당요구 종기일 지정 → · 이해관계인 권리신고 (임차인 배당요구/철회)
- 배당요구 신청종기일
- 경매(매각)기일 지정공고 → · 신문 및 법원게시판 공고(입찰 14일 전) 매각서류열람 (매각기일 7일 전 배치)
- 입찰(매각)실시 → 재매각 / 매수인이 없으면 새매각
  - 7일
- 낙찰(매각) 허가 결정 → · 낙찰(매각) 불허가 결정 (절차상 흠결 사항 발견 시)
  - 7일
- 낙찰(매각) 허가 확정
  - 7일 야내 즉시 항고 없으면
  - 3일
- (낙찰) 대금지급 기한결정 → · 30일 야내
  - 7일 야내 재항고
- 대금지급(납부) 기한 → · 납부하지 않으면 (재매각)
- 배당표작성
  - · 소유권이전등기 촉탁신청 · 부동산인도명령/명도소송 · 집행관 집행실시
  - 재매각 3일 전까지 대금납부 시 재매각 취소
- 매각대금의 지급, 배당 → · 대금납부후 4주내 · 배당이의 · 배당이의의소 · 청구이의의소
- 예납금 잔액변환
- 기록송부(보존계), 종료

약 6개월~10개월
약 1개월
약 1개월

dumc 다음에이엠씨

출처: 다음에이엠씨

① 경매신청

경매신청은 해당 부동산 소재지를 관할하는 지방법원 또는 지원에서 신청하면 된다. 전국 14개의 관할법원이 있으며, 관할법원에 소속된 지원들이 존재한다(예: 수원지방법원 / 수원지방법원 성남지원). 경매신청 시 강제경매는 강제경매신청서, 임의경매는 임의경매신청서를 작성한 후 법원에 제출하면 된다.

② 경매개시결정

채권자가 법원에 경매신청서를 접수하면 법원은 집행에 필요한 요건이 갖춰졌는지 판단 후 경매개시 여부를 결정한다. 신청이 적법하다면 경매개시결정이 내려지는데 이때부터 해당 부동산은 압류의 효력이 발행한다. 채무자가 재산을 몰래 처분하거나 양도하는 위험을 방지하기 위함이다.

③ 경매 준비

경매개시결정이 내려지면 법원은 해당 부동산을 매각하기 위한 작업에 착수한다. 정확한 점유 관계나 부동산 상태를 확인하기 위한 현황조사와 물건의 가치를 평가하기 위한 감정평가를 명한다. 이때 결정된 감정평가액을 바탕으로 최저매각가격이 결정되며, 공과금 체납관청에 정해진 기일까지 배당요구를 하도록 권고한다.

④ 배당요구 종기일

돈을 받아야 하는 채권자는 법원이 정한 배당요구 종기일까지 배당요구를 신청해야 한다. 경매로 매각되는 물건의 경우 대부분 다수의 채권자가 존재하기에 반드시 배당요구 종기일 전까지 배당요구를 한 경우에만 배당받을 수 있고, 배당요구를 하지 않은 채권자는 순위가 빠른 채권자라 하더라도 배당을 받을 수 없다. 또한 순위가 늦은 채권자가 받은 배당을 상대로 부당이득 반환청구를 할 수도 없다.

⑤ 매각기일 공고

법원은 배당요구 종기일 이후 별도의 문제가 없으면 직권으로 매각기일을 정해 법원 게시판과 신문, 전자통신매체에 공고한다. 매각기일은 14일 이상의 간격을 두고 지정하는데, 입찰일 14일 전 최초의 매각기일이 공고된다고 이해하면 된다.

⑥ 매각물건명세서 비치

매각을 준비하는 과정에서 취합한 정보들로 매각물건명세서가 만들어진다. 매각물건명세서는 최선순위 설정일, 배당요구 종기일, 점유자 정보, 가처분, 지상권의 정보 등 입찰에 있어 매우 중요한 정보들이 포함되어 있기에 입찰자들은 매각물건명세서를 확인 후, 최종 입찰 여부를 결정한다. 매각물건명세서는 매각기일(입찰일) 7일 전까지 법원에 비치하여 누구나 볼 수 있도록 하고 있다.

⑦ 매각기일(입찰)

입찰일을 말하며, 입찰은 해당 부동산의 관할법원에서 실시한다. 입찰 시 정해진 시간 내 입찰표와 최저매각가격의 10%(특별매각조건의 경우 20%)에 해당하는 보증금을 함께 제출해야 한다. 입찰표 작성을 잘못했거나 입찰보증금이 부족(더 많이 넣는 건 가능)하다면 낙찰되더라도 무효가 되니, 보증금과 입찰표 작성에 신중해야 한다. 경쟁을 통해 최고가로 입찰한 사람이 최고가매수신고인이 되며, 유찰되는 경우 20%~30% 낮아진 가격으로 다시 경매가 진행된다.

⑧ 매각허가결정

매각기일에 최고가매수신고인이 나오더라도 바로 소유권이 이전되는 것은 아니다. 최고가매수신고인의 결격 사유나 매각 절차상의 흠결이 있는지 7일 동안 조사하며, 아무런 문제나 이의가 없다면 매각허가결정이 된다. 매각허가결정이 되기 전, 재산상의 손해가 발생할 만큼의 하자가 물건에서 발견된다면, 최고가매수신고인이나 이해관계인은 불허가를 신청할 수 있다. 만약 매각불허가결정이 선고되면 최고가매수신고인은 매수 자격이 상실되며 매수신청보증금을 반환받는다.

⑨ 매각허가확정

매각허가결정 후, 7일 내에 이의 신청이나 즉시 항고가 없으면 매각허가확정이 이루어진다. 이때부터 매수인의 자격이 부여되며 법원은 매수인에게 대금지급기한 통지서를 발송한다.

⑩ 대금납부와 소유권이전등기

매각허가확정이 이루어지면 법원은 대금지급기한 통지서를 발송하는데 통상적으로 매각허가확정 이후 30일 내에 잔금 납부일이 잡힌다. 매수인은 이 시기 자신에게 유리한 조건의 대출을 알아보며 점유자의 명도 계획도 함께 세운다. 잔금 납부 시 비로소 소유권을 취득하게 되며, 소유권이전등기를 실행한다. 만약 대금을 미납한다면 해당 물건에 대해 재매각을 진행한다.

⑪ 인도 및 명도

낙찰자는 대금납부 전 해당 부동산의 점유자를 만나 부동산 상태를 확인 후 사전 명도 협상을 진행하는 것이 일반적이다. 만약 해당 부동산에 중대한 하자나 문제가 있다면 매각 불허가 또는 매각결정 취소를 신청해야 한다. 하자가 없다면 잔금 납부 전 명도에 대한 협의를 마무리하는 것이 좋다. 잔금 납부 전 명도가 마무리되면 잔금 납부 후 해당 부동산을 활용하는 데 시간과 비용을 줄일 수 있기 때문이다. 또한 명도 협상에는 이사비용 일부를 책정하는 것이 좋다. 낙찰자가 점유자를 내보내기 위해 이사비용을 지급할 법적 의무는 없으나, 점유자가 명도에 응하지 않고 계속 점유를 주장한다면 결국 법의 힘을 빌려 강제집행이 진행된다. 이때 법원의 집행비용은 낙찰자가 부담하는데 시간과 돈이 드는 강제집행보다, 원활한 관계에서 점유자를 내보내는 것이 서로에게 좋기에 이사비용 일부를 책정하는 것은 빠른 해결책이 될 수 있다. 다만 협상이 어렵거나 불가능한 상황이라면 인도명령 제도를 활용해 법원에 도움을 받는다. 인도명령 신청은 대금납부일 6개월 내에 신청해야 하며, 인도명령이 받아들여지면 강제집행을 통해 점유자를 퇴거시킨다.

⑫ 배당

낙찰자가 매각대금을 모두 납부 시, 법원은 배당기일을 정하고 채권의 순위에 따라 채권자들에게 배당을 진행한다. 배당이 모두 이루어지면 비로소

경매 절차가 끝난다.

지금까지 경매신청부터 배당까지 전반적인 절차를 알아보았다. 일련의 과정들은 통상적으로 8개월~10개월 정도 소요되며 법원별, 상황별로 기간의 차이가 발생할 수 있다. 경매의 과정과 절차를 제대로 숙지한다면 진행 과정에서 생길 수 있는 변수나 문제에 쉽게 대처할 수 있다.

키워드

- **최고가매수신고인**: 낙찰자
- **유찰**: 아무도 입찰하지 않은 경우
- **이해관계인**: 해당 부동산과 관련된 사람(채권자, 채무자, 소유자, 등기부에 기입된 부동산 권리자 등)
- **명도**: 점유할 권리가 없는 자를 내보내는 일

핵심요약

경매 진행 절차

① 경매신청 → ② 경매개시결정 → ③ 경매 준비 → ④ 배당요구 종기일 → ⑤ 매각기일 공고 → ⑥ 매각물건명세서 비치 → ⑦ 매각기일(입찰) → ⑧ 매각허가결정 → ⑨ 매각허가확정 → ⑩ 대금납부와 소유권이전등기 → ⑪ 인도 및 명도 → ⑫ 배당

잘못된 권리분석에 따른 위험 때문에 많은 이들이 경매를 어려워한다. 그러나 원리만 제대로 알면 이만큼 쉬운 것도 없으며, 모든 분석까지 5분이 채 걸리지 않는다. 그러니 어려워 말고 이 책을 통해 연습해보자.

Chapter 2

권리분석의
모든 것

등기부등본 보는 법

　등기부등본은 부동산에 관한 권리관계 및 현황 등을 작성한 문서이다. 만약 부동산 등기부가 존재하지 않는다면 소유주나 권리관계 등을 알 방법이 없어 거래에 어려움이 생긴다. 그래서 국가 기관이 절차에 따라 등기부에 권리변동이나 권리관계 등을 작성 및 관리토록 하고 있으며, 누구든지 열람 및 발급받을 수 있도록 일반인에게 공시하고 있다. 경매 권리분석에 있어 우리가 가장 먼저 할 일은 등기부등본을 보고 말소기준권리를 찾는 것이다. 그렇기에 경매와 등기부등본은 떼놓을 수 없는 관계이며, 등기부등본을 볼 줄 알아야 경매를 시작할 수 있다.

　말소기준권리란 말 그대로 말소의 기준이 되는 권리이다. 등기부등본 내에 말소기준권리라 따로 표시되는 것이 아니다 보니 찾는 게 익숙지 않을 수 있지만, 유료 경매정보업체를 통해 요약된 등기부등본 현황과 말소기준권리, 임차인의 대항력 유무 등을 제공받을 수 있기에 초보들은 이러한 정보들을 함께 활용하면 된다. 물론 유료 경매정보업체들은 정보제공에 있어 면책조항을 두기에 스스로 등기부등본을 확인하는 습관을 반드시 길러야 한다. 그럼 말소기준권리를 찾기 위한 등기부등본 보는 방법을 알아보자(등기부등본은 대법원 인터넷등기소에서 열람 및 발급받을 수 있음).

키워드

- **대항력:** 이미 유효하게 이루어진 권리를 제삼자가 인정하지 않을 때, 이를 물리칠 수 있는 법률. 부동산 경매에서 대항력을 갖춘 임차인의 경우 보증금 전액을 변제받을 때까지 주택의 인도를 거절할 수 있다.

출처: 인터넷등기소

등기부등본의 법적 용어는 등기사항전부증명서로 현 건물에 대한 정보들이 상세히 기록된 서류이다. 토지에는 토지등기부등본, 건물에는 건물등기부등본이 존재하며 단독주택의 경우 토지와 건물, 두 개의 등기부등본이 존재한다. 우리가 가장 많이 접하는 아파트, 다세대(연립), 오피스텔의 경우 집합건물로서 토지와 건물의 등기가 하나로 합쳐져 있다. 등기부등본은 표제부, 갑구, 을구, 이렇게 3가지 항목으로 구분되어 있는데 하나씩 살펴보도록 하자.

① 표제부

표제부는 건물과 토지에 관한 제반적 사항을 나타낸다. 집합건물 표제부의 경우 1동의 건물의 표시, 대지권의 목적인 토지의 표시, 전유부분의 건물의 표시, 대지권의 표시 등이 기재된다.

등기사항전부증명서(말소사항 포함)
- 집합건물 -

고유번호 1211-2018-010675

[집합건물] 경기도 부천시 내동 34-

【 표 제 부 】 (1동의 건물의 표시)

표시번호	접 수	소재지번,건물명칭 및 번호	건 물 내 역	등기원인 및 기타사항
1	2018년8월16일	경기도 부천시 내동 34 [도로명주소] 경기도 부천시 신흥로377번	철근콘크리트구조 (철근)콘크리트지붕 5층 공동주택및근린생활시설 1층 65.42㎡ 1층 15.75㎡ 2층 140.75㎡ 3층 140.75㎡ 4층 122.87㎡ 5층 113.14㎡ 옥탑1층 15.75㎡(연면적제외)	

(대지권의 목적인 토지의 표시)

표시번호	소 재 지 번	지 목	면 적	등기원인 및 기타사항
1	1. 경기도 부천시 내동	대	209.4㎡	2018년8월16일 등기

【 표 제 부 】 (전유부분의 건물의 표시)

표시번호	접 수	건 물 번 호	건 물 내 역	등기원인 및 기타사항
1	2018년8월16일	제5층 제502호	철근콘크리트구조 35.4㎡	

(대지권의 표시)

표시번호	대지권종류	대지권비율	등기원인 및 기타사항
1	1 소유권대지권	299.40분의 20.3851	2018년8월8일 대지권 2018년8월16일 등기

출처: 등기사항전부증명서 두인경매 제공

(1) 1동의 건물의 표시: 등기 순서와 접수된 날짜가 나오며 소재 지번, 건물 명칭 및 번호, 건물 내역(구조, 층수, 용도, 면적 등)과 기타 사항들이 기재된다.

(2) 대지권의 목적인 토지의 표시: 토지에 대한 정보로 소재 지번과 토지의 지목(토지의 종류를 구분하여 등록한 것 / 대, 전, 답, 과수원, 임야, 창고, 학교용지 등), 면적 등이 기재된다.

(3) 전유부분의 건물의 표시: 해당 물건지의 건물 번호(층, 호수)와 건물 내역(구조, 전용면적)이 기재된다.

(4) 대지권의 표시: 해당 물건지가 가지는 대지권 비율이 기재된다.

② 갑구

갑구는 소유권에 관련된 사항들이 기재된다. 순위번호에 따라 소유권의 변동 사항을 알 수 있으며, 그 정보들이 상세히 기록된다. 또한 소유권과 관련된 가압류, 압류, 가처분, 가등기, 경매개시결정등기도 갑구에 기재되며 등기한 순서대로 접수 일자와 순위번호가 나오므로 권리에 대한 서열을 쉽게 파악할 수 있다. 등기부 현황상 먼저 설정된 권리를 선순위 권리라 하며, 선순위 권리 이후 설정된 권리를 후순위 권리라 한다. 경매 진행 시 순위번호와 접수 일자가 빠를수록 권리가 앞선 것으로 이해하면 쉽다.

【 갑 구 】	(소유권에 관한 사항)			
순위번호	등 기 목 적	접 수	등 기 원 인	권리자 및 기타사항

1	소유권보존	2017년3월10일
		제56297호
				공유자
				지분 3분의 1
				천 650411-*******
				    경기도 고양시 일산서구 주엽로 122 ,
				
				지분 3분의 1
				고 791104-*******
				    서울특별시 금천구 금하로 816 , 510동
				
				지분 3분의 1
				강 810114-*******
				    서울특별시 강서구 강서로 266 , 123동

2	공유자전원지분전부
	이전
		2017년6월30일
		제147147호
			2017년1월2일
			매매
				소유자 김 880820-*******
				    서울특별시 양천구 월정로
				    (신월동,)

3	소유권이전	2019년4월15일 제64267호	2019년3월26일 매매	소유자 박 791013-******* 서울특별시 동대문구 회기로 거래가액 금255,000,000원

출처: 등기사항전부증명서 두인경매 제공

③ 을구

을구는 근저당권, 저당권, 전세권, 임차권, 지상권 등 소유권 외 권리에 관한 사항들이 기록된다. 등기한 순서대로 접수 일자와 순위번호가 나오므로 권리에 대한 서열을 쉽게 파악할 수 있다. 갑구와 마찬가지로 경매 진행시 순위번호와 접수 일자가 빠를수록 권리가 앞선 것으로 이해하면 된다.

【 을 구 】	(소유권 이외의 권리에 관한 사항)			
순위번호	등 기 목 적	접 수	등 기 원 인	권리자 및 기타사항
1	근저당권설정	2017년3월16일 제61441호	2017년3월15일 추가설정계약	채권최고액 금684,000,000원 채무자 고 서울특별시 금천구 금하로 816, 510동 근저당권자 강서농업협동조합 114936-0000274 서울특별시 강서구 금낭화로 127(방화동) (가양역지점) 공동담보목록 제2017-241호
2	1번근저당권설정등 기말소	2017년6월30일 제147138호	2017년6월30일 해지	
3	근저당권설정	2017년6월30일 제147149호	2017년6월30일 설정계약	채권최고액 금176,400,000원 채무자 김 서울특별시 양천구 월정로50길 (신월동) 근저당권자 주식회사신한은행 110111-0012809 서울특별시 중구 세종대로9길 20(태평로2가) (신곡중앙지점)
4	3번근저당권설정등 기말소	2019년4월4일 제58528호	2019년4월4일 해지	
5	근저당권설정	2020년12월14일 제280613호	2020년12월11일 설정계약	채권최고액 금180,000,000원 채무자 박 서울특별시 동대문구

핵심요약

등기부등본 보는 법

✔ **표제부:** 건물과 토지에 관한 제반 사항 기록(건물면적, 전용면적, 토지지
목, 대지권비율 등)

✔ **갑구:** 소유권에 관한 사항 기록(소유권이전, 가압류, 압류, 가처분, 가등
기, 경매개시결정등기 등)

✔ **을구:** 소유권 이외의 권리에 관한 사항 기록(근저당권, 저당권, 전세권,
임차권, 지상권 등)

등기부 권리분석

등기부등본을 활용해 찾을 수 있는 말소기준권리는 소멸이나 인수사항을 판단하는 기준이 된다. 말소기준권리 이전에 등기된 다른 권리가 있다면 낙찰되더라도 낙찰자 인수사항이 되고, 말소기준권리 이후 들어온 권리는 소멸하는 것이 원칙이다. 말소기준권리를 찾아야 인수사항과 소멸사항을 알 수 있기에, 말소기준권리를 찾는 것은 권리분석의 핵심이라 볼 수 있다.

등기부 현황상 모든 권리가 말소기준권리가 되지는 않는다. 근저당권, 저당권, 가압류, 압류, 전세권(선순위), 담보가등기, 경매개시결정등기 등 7가지만 말소기준권리에 해당하며 이외 등기부상의 다른 권리들은 말소기준권리가 될 수 없다. 말소기준권리를 외울 때는 앞 글자만 따와 '근. 저. 가. 압. 전. 담. 경'으로 외우면 언제 어디서든 쉽게 떠올릴 수 있다(나도 이렇게 외웠다).

7가지 권리 중 등기부에 2개 이상의 권리(근저당과 가압류 등)들이 함께 있을 때는 시기적으로 가장 앞서 설정된 권리가 말소기준권리다. 말소기준권리 이후 설정된 권리는 소멸, 말소기준권리보다 먼저 설정된 권리는 낙찰자 인수라니 조금 헷갈릴 수 있다. 등기부상 가장 앞선 7가지 권리가 말소기준권리라 해놓고 이것보다 더 앞선 권리는 인수라고 말하니 말이다. 하지만 말소기준권리는 7가지(근저당권, 저당권, 가압류, 압류, 전세권(선순위), 담보가등기, 경매개시결정등기)만 될 수 있고, 이 7가지 권리보다 먼저 설정된 기타 권리, 예컨대 선순위 가처분 혹은 선순위 세입자 등이 있다면 그 권리들은 낙찰되더라도 낙찰자 인수사항이 된다.

　부동산 경매 물건을 살펴보면 말소기준권리보다 앞서 설정된 권리는 대부분 선순위 세입자들이 많다. 이 경우 세입자가 보증금 전액을 배당받지 못한다면 배당받지 못하는 보증금에 한해 낙찰자가 인수해야 한다. 또한 통계적으로 말소기준권리는 근저당권인 경우가 많다. 보통 부동산을 담보로 은행이나 타인에게 대출받고 근저당을 설정하는데, 대출해주는 금융권들은 자신보다 앞선 다른 권리들이 설정되어 있다면 대부분 대출을 승인해주지 않는다. 자신들이 설정한 근저당권이 말소기준권리(가장 앞선 권리)가 되어야만 대출을 승인해준다는 것이다. 그 이후 채무 불이행으로 경매에 나오니, 물건 대부분은 근저당권이 말소기준권리인 것을 확인할 수 있다. 이제 각각의 말소기준권리에 대해 살펴보자.

등기부 현황(집합) 채권액 합계 186,776,865 열람일자 2023.01.05

접수번호	등기목적	권리자	채권금액	기타등기사항	소멸여부
2020.03.18 (22327)	소유권이전	박	235,000,000	전소유자:강 매매(2020. 02.21)	
2020.03.18 (22328)	근저당권	서울축협	174,000,000	말소기준권리	소멸
2021.11.17 (107120)	가압류	분당신협	7,541,696	지원 2021카단63479	소멸
2022.05.10 (33383)	임의경매	서울축협	청구금액 144,169,528	2022타경2403	소멸
2022.05.30 (38865)	가압류	서울축협	5,235,169	지원 2022카단101317	소멸

출처: 두인경매

이 표는 경매사이트에서 등기부 현황을 시간순으로 요약한 것이다. 분석해보면 2020년 3월 18일 소유권이 강 모 씨에서 박 모 씨로 넘어오며, 같은 날 서울축협 근저당권이 함께 설정되었다. 서울축협에 돈을 빌려 부동산 매매 잔금을 해결한 것이다. 그 후 2021년 11월 17일 분당신협 가압류가 설정되었고, 2022년 5월 10일 서울축협이 근저당권을 원인으로 임의경매를 신청하여 경매가 진행되었다. 여기서 말소기준권리는 시기상 가장 앞선 서울축협 근저당권이다. 이 이후에 설정된 모든 등기부상의 권리는 낙찰 시 말소기준권리와 함께 소멸한다. 지금부터 말소기준권리가 되는 7가지 권리(근저당권, 저당권, 가압류, 압류, 전세권, 담보가등기, 경매개시결정등기)에 대해 자세히 알아보도록 하자.

① 저당권 및 근저당권

차이점	근저당권	저당권
담보채권	장래의 증감·변동하는 불특정 채권	현재의 확정액
부종성	결산일에 피담보채권이 확정되기 전까지 피담보채권이 소멸하더라도 유지	현재 채권이 소멸하면 함께 소멸
변제의 효력	변제하더라도 결산기 전이면 채권이 소멸하지 않음	변제하면 채권소멸
등기되는 금액	피담보채권 최고액 (채권액이 최고액을 초과해도 최고액 이상의 우선변제권은 없음)	피담보채권액

출처: 법제처(생활법령정보)

말소기준권리가 되는 저당권과 근저당권은 돈을 빌려준 후 설정하는 권리로, 둘의 성격은 비슷해 보이지만 몇 가지 차이점이 존재한다. 저당권은 채무의 담보로 제공한 부동산에 대해 다른 채권자보다 자기 채권의 우선변제를 받을 권리를 말하고(민법 356조), 근저당권은 계속 적 거래관계로부터 발생하는 불특정 다수의 채권을 장래의 결산기에 일정한 한도액까지 담보하기 위해 설정하는 저당권을 말한다(민법 357조).

즉 저당권은 현재 확정된 채권을 담보하는 권리, 근저당권은 장래의 변동되는 불특정 채권을 담보하는 권리라고 이해하면 된다. 만약 1억 원을 빌려 저당권을 설정했다면 1억 원의 채무만 변제하면 저당권은 소멸한다. 하지만 1억 원을 빌려 근저당권을 설정했다면 장래에 발생할 이자나 변동 금액으로 내가 빌린 금액이 아닌 채권최고액(통상적으로 120%~130%)이 적힌다. 저당권은 확정된 채권이므로 채권최고액이라는 개념이 없다.

실무적으로 근저당권 등기가 대부분인데 그 이유는 채무자가 대출 일부를 갚아 채권액이 줄거나 이자까지 밀려 늘어나는 경우, 채권액이 변동될 때마다 저당권을 다시 설정해야 하는 번거로움 때문이다. 또한 경매로 넘어가더라도 설정된 채권최고액 범위 내에서 대출원금과 이자까지 받을 수 있으니 실무에서는 근저당권 설정이 통용된다.

근저당권 경매사례

등기부 현황(집합) **채권액 합계** 321,200,000 열람일자 2023.03.20

접수번호	등기목적	권리자	채권금액	기타등기사항	소멸여부
2016.10.25 (98386)	소유권이전	김 외1		전소유자:이 매매(2015. 12.06)	
2016.10.25 (98387)	근저당권	하나캐피탈	235,200,000	**말소기준권리**	소멸
2021.07.20 (87922)	근저당권	문	81,000,000		소멸
2021.07.20 (87923)	전세권	문	5,000,000	2021.07.20 ~2022.07.19	소멸
2022.07.19 (55673)	임의경매	문	청구금액 57,580,273	2022타경63562	소멸

출처: 두인경매

등기부 현황을 살펴보면 소유권이 이 모 씨에서 김 모 씨로 넘어오는 2016년 10월 25일 하나캐피탈 근저당권이 함께 설정되었다. 하나캐피탈에서 돈을 빌려 부동산 매매 잔금을 해결한 것이다. 그 후 2021년 7월 20일 문 모 씨의 근저당권이 설정되었고, 같은 날 전세권이 설정되었다. 그리고 2022년 7월 19일 문 모 씨는 임의경매를 신청하여 경매가 진행되었다. 여기서 말소기준 권리는 시기상 가장 앞선 하나캐피탈 근저당권이다. 이후 설정된 모든 등기 부상의 권리는 낙찰 시 말소기준권리와 함께 소멸한다. 따라서 등기부 현황 상 낙찰자가 인수하는 권리는 없다.

② 가압류 및 압류

가압류란 채무자의 재산을 압류하여 현상을 보전하고, 그 변경을 금지하여 장래의 강제집행을 보전하는 절차이다. 단어의 어감에서 압박이 느껴지듯 실제로도 채무자의 재산을 미리 동결시키는 걸 뜻한다. 만약 채권자가 빌려준 돈을 받기 위해 소송 후, 승소했더라도 채무자가 악의적으로 재산을 빼돌리거나 팔아버리면 채권자는 돈을 회수하기 어렵다. 소송에서 이겨도 채무자 앞으로 재산이 없으니 돈을 회수할 방법이 사라지게 된다. 이러한 불상사를 막기 위해 채무자의 재산을 임시로 제한해 처분하지 못하도록 하는 것이 바로 가압류이다.

압류는 채권자 등의 신청을 받은 국가 기관이 강제로 다른 사람의 재산처분이나 권리행사 따위를 못 하게 막는 것을 뜻한다. 압류는 확정판결과 같은 집행권원이 있어 다른 절차 없이 바로 경매를 신청할 수 있다. 압류와 가압류의 목적은 채무자의 재산을 미리 동결시켜 처분하지 못하도록 하기 위함인데, 압류는 집행권원 확정 후 채무자의 재산을 제한하고, 가압류는 집행권원 확정 전 채무자의 재산을 임시적으로 제한해 처분하지 못하게 하는 차이를 보인다.

가압류 경매사례

등기부 현황(집합) **채권액 합계** 197,187,118 **열람일자** 2023.02.14

접수번호	등기목적	권리자	채권금액	기타등기사항	소멸여부
1996.11.02 (100128)	소유권이전	최		매매(1994.06.27)	
2019.06.27 (55789)	가압류	이	47,187,118	말소기준권리 지원 2019카단	소멸
2021.06.16 (74713)	가압류	이	150,000,000	지원 2021카단	소멸
2022.06.09 (45213)	강제	이	청구금액 198,899,401	2022타경	소멸

출처: 두인경매

등기부 현황을 보면 1996년 11월 2일 소유권이 최 모 씨로 이전되었고, 이후 2019년 6월 27일 이 모 씨의 가압류가 설정되었다. 그리고 2021년 6월 16일 이 모 씨의 가압류가 추가로 설정되었고, 이후 2022년 6월 9일 이 모 씨는 가압류를 원인으로 하는 강제경매를 신청하였다. 여기서 말소기준권리는 시기상 가장 앞선 이 모 씨의 가압류이다. 이후 설정된 모든 등기부상의 권리는 낙찰 시 말소기준권리와 함께 소멸한다. 따라서 등기부 현황상 낙찰자가 인수하는 권리는 없다.

압류 경매사례

등기부 현황(집합) 채권액 합계 94,000,000 열람일자 2022.03.25

접수번호	등기목적	권리자	채권금액	기타등기사항	소멸여부
2016.12.09 (56528)	소유권이전	손	141,900,000	전소유자:박　　매매(2016. 11.23)	
2018.02.20 (6882)	압류	통영세무서		말소기준권리	소멸
2019.10.24 (35844)	압류	국민건강보험공단			소멸
2020.11.06 (40604)	압류	거제시			소멸
2021.01.27 (3324)	가압류	강	94,000,000	지원 2020카단11713	소멸
2021.03.24 (11573)	강제	전	청구금액 100,000,000	2021타경22222	소멸
2022.01.07 (670)	압류	거제시			소멸

출처: 두인경매

등기부현황을 보면 2016년 12월 9일 소유권이 손 모 씨로 이전되었고, 이후 2018년 2월 20일 통영세무서의 압류가 설정되었다. 순차적으로 2019년 10월 24일 국민건강보험공단 압류, 2020년 11월 6일 거제시 압류, 2021년 1월 27일 강 모 씨 가압류가 설정되었고 이후 2021년 3월 24일 전 모 씨가 강제경매를 신청하여 경매가 진행되었다. 여기서 말소기준권리는 시기상 가장 앞선 통영세무서의 압류이다. 이후 설정된 모든 등기부상의 권리는 낙찰 시 말소기준권리와 함께 소멸한다. 따라서 등기부 현황상 낙찰자가 인수하는 권리는 없다.

③ 선순위전세권

전세권은 알면 알수록 어려운 부분이 있다. 초보자라면 선순위전세권이 말소기준권리가 된다는 것만 이해해도 충분하다(실제 초급 과정에서 선순위전세권을 면밀히 다루는 경우는 많지 않다). 다만 선순위전세권을 제대로 이해한다면 입찰할 수 있는 물건이 더 많아지기에 이 책을 통해 제대로 배워보자.

전세권은 전세금을 지급하고 타인의 부동산을 점유해 용도에 따라 사용·수익하며, 그 부동산 전부에 대해 후순위권리자 및 기타 채권자보다 전세금의 우선변제를 받을 권리를 말한다(민법 303조 1항). 또한 전세권은 일반 임대차 계약과 달리 등기부등본에 전세 계약이 설정되었음을 기록으로 남긴다. 과거에는 임차인들이 전세 계약 외에 전세권을 따로 등기부에 설정하는 경우가 많지 않았으나, 현재는 전세 사기 등의 사고가 늘어 전세 계약과 더불어 전세권까지 설정하는 임차인들이 증가하고 있다. 실제 전세권이 설정된 경매 매물이 늘며, 전세권에 대한 높은 이해도가 필요해진 것이 사실이다.

선순위전세권이란 시기적으로 다른 권리들보다 먼저 등기된 전세권을 말하며, 말소기준권리보다 앞서거나 혹은 전세권 자체가 말소기준권리가 된다. 선순위전세권이 설정된 부동산이 경매 진행 시, 선순위전세권자의 배당 신청 유무에 따라 말소기준권리가 될 수도, 되지 않을 수도 있다(후순위전세권은 인수되지 않고 소멸). 그렇다면 어떤 경우에 말소기준권리가 되는지 하나씩 살펴보자.

(1) 선순위전세권자의 경매신청

선순위전세권자가 보증금 미반환으로 해당 부동산을 경매신청한 경우, 선순위전세권은 자동 배당되며 말소기준권리가 된다.

(2) 선순위전세권자의 배당신청

선순위전세권이 설정된 부동산이 경매로 넘어가는 경우, 선순위전세권자가 배당신청 했다면 전세권은 말소기준권리가 된다.

(3) 선순위전세권자의 배당거부

선순위전세권이 설정된 부동산이 경매로 넘어가는 경우, 선순위전세권자가 배당신청을 하지 않았다면 전세권은 말소기준권리가 되지 못하고, 낙찰자는 전세권을 인수해야 한다. 이때 선순위전세권 다음 순위로 등기된 권리(근저당권, 저당권, 가압류, 압류, 담보가등기, 경매개시결정등기)가 말소기준권리가 된다. 결국, 선순위전세권이 말소기준권리보다 앞서는 권리가 되므로 인수사항이 되는 것이다.

(4) 선순위전세권 분석 시 주의할 점

선순위전세권자가 경매신청을 했거나 배당신청을 하는 경우 말소기준권리가 되어, 낙찰로 매각 시 전액 배당받지 못하더라도 권리는 소멸하는 것이 원칙이다. 하지만 선순위전세권자가 대항력까지 동시에 갖춘 임차인이라면 배당받지 못한 보증금 잔액을 낙찰자가 인수해야 한다. 따라서 선순위전세권 지위와 대항력이 있는 임차인(전입+점유)의 지위를 동시에 가졌다면, 선순위전세권자가 모두 배당받는지도 확인해야 하며, 배당받지 못한 보증금에 한해서는 낙찰자 인수사항이 된다. 대항력 없이 배당 신청한 선순위전세권만 존재한다면 말소기준권리가 되어 매각으로 소멸하며, 배당받지 못한 보증금이 있더라도 인수 책임이 없다.

> ### • 판례 •
>
> 배당요구한 선순위전세권은 전세보증금 전액을 배당받지 못하더라도 전세권은 소멸되는 것이 원칙이나, 주택임대차보호법상 대항력을 갖춘 임차인(전입+점유)으로서의 지위와 선순위전세권자로서의 지위를 함께 가지고 있는 사람이라면 전세권이 매각으로 소멸하더라도 변제받지 못한 나머지 보증금에 기하여 대항력을 행사할 수 있다.
>
> **[대법원2010마900결정]**

전세권 경매사례

ⓐ 후순위전세권

말소기준권리보다 늦은 후순위전세권은 배당 여부와 상관없이 소멸한다.

2020 타경 65226 │ **의정부지방법원 고양1계**
담당계 (031) 920-6311

소재지	경기 고양시 일산동구 정발산동 1111 밤가시마을 403동 2층 203호 [산두로 248] 도로명 검색				
물건종류	다세대/빌라	사건접수	2020.05.10	경매구분	임의경매
건물면적	59.88㎡ (18.11평)	소유자	김	감정가	251,000,000원
대지권	69.98㎡ (21.17평)	채무자	김	최저가	(100%) 251,000,000원
매각물건	건물전부, 토지전부	채권자	플러스펀딩대부	입찰보증금	(10%) 25,100,000원

입찰 진행 내용

구분	입찰기일	최저매각가격	상태
입찰변경	2021-03-03	251,000,000	변경
입찰변경	2022-06-21	251,000,000	변경

출처: 두인경매

물건 사진

점유자 성명	주식회사 플○○펀딩대부	〈비고〉 주식회사 플○○펀딩대부: 전세권자로서 전세권설정등기일자는 2018년 7월 25일임.
점유 부분	전부	
정보출처 구분	등기사항 전부증명서	
점유의 권원	주거 전세권자	
임대차기간 (점유기간)	전세권설정일로부터 2020.07.25까지	
보증금	10,000,000	
차임		
전입신고 일자, 사업자등록 신청일자		
확정일자		
배당요구여부 (배당요구일자)		

출처: 대한민국법원 법원경매정보 매각물건명세서

말소기준보다 늦은 전세권 설정으로 배당요구 여부와 상관없이 인수사항이 없다.

등기부 현황(집합) **채권액 합계** 286,305,490 **열람일자** 2022.06.06

접수번호	등기목적	권리자	채권금액	기타등기사항	소멸여부
2017.05.24 (60791)	소유권이전	김 국	210,000,000	전소유자:김 화 매매(2017.05.24)	
2017.06.08 (67261)	근저당권	현대캐피탈	201,600,000	말소기준권리	소멸
2018.07.25 (83254)	근저당권	플 대부	32,000,000		소멸
2018.07.25 (83255)	전세권	플 대부	10,000,000	전세권 설정일로 ~2020.07.25	소멸
2019.01.30 (10883)	근저당권	플 대부	8,000,000		소멸
2020.01.29 (12442)	가압류	하나은행	18,806,429	지원 2020카단801308	소멸
2020.03.11 (39096)	가압류	서민금융진흥원	8,841,504	지원 2020카단100563	소멸
2020.05.22 (77850)	임의경매	플 대부	청구금액 40,000,000	2020타경65226	소멸

출처: 두인경매

　등기부현황을 보면 2017년 5월 24일 소유권이 김 모 씨로 이전되었고, 이후 2017년 6월 8일 현대캐피탈 근저당권이 설정되었다. 그리고 순차적으로 2018년 7월 25일 플OOO 대부업체의 근저당권과 전세권이 함께 설정되었다. 이후 2020년 5월 22일 플OOO 대부업체의 근저당권을 바탕으로 임의경매가 진행되었다. 여기서 말소기준권리는 시기상 가장 빠른 현대캐피탈 근저당권이며, 플OOO 대부업체의 전세권은 후순위로 낙찰 시 말소기준권리와 함께 소멸한다. 따라서 등기부 현황상 낙찰자가 인수하는 권리는 없다.

ⓑ 선순위전세권

경매신청 및 배당신청 하는 경우

　선순위전세권자가 경매신청(자동배당)했거나 배당신청 한 경우, 말소기준권리가 되며 전액 배당받지 못하더라도 권리는 소멸한다.

2022 타경 31688 | 창원지방법원 진주4계

담당계 (055) 760-3254

소재지	경남 진주시 평거동 300-2 순화씨저스캘리스오피스텔 .[진양호로 195-5] 도로명 검색				
물건종류	오피스텔	사건접수	2022.03.21	경매구분	임의경매
건물면적	19.89㎡ (6.02평)	소유자	순 건설(주) 외 1명	감정가	27,000,000원
대지권	5㎡ (1.51평)	채무자	순 외 1명	최저가	(64%) 17,280,000원
매각물건	건물전부, 토지전부	채권자	(주)엠 앤코	입찰보증금	(10%) 1,728,000원

입찰 진행 내용

구분	입찰기일	최저매각가격	상태
1차	2023-01-12	27,000,000	유찰
2차	2023-02-16	21,600,000	유찰
3차	2023-03-30	17,280,000	낙찰

낙찰 20,299,000원 (75%)
(응찰 : 3명 / 낙찰자 : 이   )
매각결정기일 : 2023.04.06 - 매각허가결정
대금지급기한 : 2023.05.17
대금납부 : 2023.05.17 / 배당기일 : 2023.06.15
배당종결 : 2023.06.15

물건 사진

출처: 두인경매

점유자 성명	주식회사 엠○○○앤코	
점유 부분	건물 전부	
정보출처 구분	등기사항 전부증명서	
점유의 권원	주거 전세권자	〈비고〉 주식회사 엠○○○앤코: 부동산 경매신청 채권자이며, 전세권자로서 배당요구 일자는 2022년 3월 21일임.
임대차기간 (점유기간)	2020.02.14.~ 2022.02.13	
보증금	30,000,000	
차임		
전입신고 일자, 사업자등록 신청일자		
확정일자	2020.02.21. (전세권설정일)	
배당요구여부 (배당요구일자)		

출처: 대한민국법원 법원경매정보 매각물건명세서

이 물건은 선순위전세권자가 경매신청을 하여 말소기준권리가 되며, 낙찰과 함께 전세권은 소멸된다. 대항력을 갖춘(전입+점유) 임차인 지위의 전세권자가 아니기에 보증금 전액을 보전받지 못하더라도 낙찰자가 인수하지 않는다.

등기부 현황(집합) 채권액 합계 1,487,888,596 열람일자 2022.12.26

접수번호	등기목적	권리자	채권금액	기타등기사항	소멸여부
2006.03.27 (16222)	소유권이전	순 건설(주) 외1		보존	
2020.02.21 (9191)	전세권	(주)엠 코	30,000,000	말소기준권리 2020.02.14 ~2022.02.13	소멸
2021.09.27 (43775)	가압류	주택도시보증공사	1,457,888,596	순 건설(주)지분지원 2 021카단1	소멸
2022.03.23 (12114)	임의경매	(주)엠 코	청구금액 30,000,000	2022타경3	소멸

출처: 두인경매

등기부현황을 보면 2006년 3월 27일 순OOO건설의 보존등기 이후, 2020년 2월 21일 (주)엠OOO앤코 전세권이 설정되었다. 2021년 9월 27일 가압류가 설정되었고, 이후 (주)엠OOO앤코는 전세권을 바탕으로 임의경매를 신청하여 경매가 진행되었다. 시기상 가장 빠른 (주)엠OOO앤코는 선순위전세권자로 경매신청을 하였기에 말소기준권리가 되며, 낙찰과 함께 소멸한다. 따라서 등기부 현황상 낙찰자가 인수하는 권리는 없다.

배당신청 하지 않은 경우

선순위전세권자가 배당신청을 하지 않는 경우 낙찰자는 전세보증금을 인수한다.

2018 타경 11432 서울남부지방법원 남부9계
담당계 (02) 2192-1339

소재지	서울 구로구 구로동 106-10 순영웰라이빌1차		[가마산로27길 24] 도로명 검색		
물건종류	오피스텔	사건접수	2018.12.14	경매구분	강제경매
건물면적	33.65㎡ (10.18평)	소유자	오	감정가	130,000,000원
대지권	6.8㎡ (2.06평)	채무자	오	최저가	(9%) 11,166,000원
매각물건	건물전부, 토지전부	채권자	장	입찰보증금	(20%) 2,233,200원

출처: 두인경매

임차인 현황 말소기준권리일 2017-06-16 소액임차기준일 2017-06-16 배당요구종기일 2019-05-17

임차인/대항력		점유부분	전입/확정/배당	보증금/월세	예상배당액 예상인수액	비고
장○○	없음	주거 (현황서 상)	전입 : 2018-02-09 확정 : - 배당 : -		배당액 : 미상 미배당 : 미상 인수액 : 없음	
안○○		주거 (전세권 자)	전입 : - 확정 : - 배당 : - ←		배당액 : 미상 미배당 : 미상 인수액 : 없음	전세권자

출처: 두인경매

점유자 성명	안○○	장○○	
점유 부분	구분 건물 전부		〈비고〉 안○○: 순위 7번 전세권설정등기 (2017.06.12. 제130347호)는 배당요구를 하지 않아 말소되지 않고 매수인에게 인수됨 장○○: 임대차관계불분명 (현황조사보고서)
정보출처 구분	등기사항 전부증명서	현황조사	
점유의 권원	주거 전세권자	주거 점유자	
임대차기간 (점유기간)	2018년 6월 8일까지		
보증금	110,000,000		
차임			
전입신고 일자, 사업자등록 신청일자		2018. 02.09.~	
확정일자			
배당요구여부 (배당요구일자)			

출처: 대한민국법원 법원경매정보 매각물건명세서

이 물건은 말소기준보다 앞서는 선순위 전세권자가 경매신청(자동배당)이나 배당요구를 하지 않아, 말소되지 않고 낙찰자(최고가매수인)에게 인수된다.

등기부 현황(집합) 채권액 합계 311,570,149 열람일자 2020.02.25

접수번호	등기목적	권리자	채권금액	기타등기사항	소멸여부
2012.01.20 (3971)	소유권이전	오		전소유자:(주)순 건설 경매취득 (2012.01.20)	
2017.06.12 (130347)	전세권	안	110,000,000	~2018.06.08	인수
2017.06.16 (134902)	근저당권	(주)엠지 코피	30,000,000	**말소기준권리**	소멸
2017.08.28 (193181)	가압류	신용보증기금	87,875,000	지원 2017카단6	소멸
2017.10.11 (222118)	가압류	산와대부	31,988,604	지원 2017카단8	소멸
2017.12.20 (273445)	가압류	디지비캐피탈	31,210,195	지원 2017카단4	소멸
2018.01.29 (17665)	압류	국민건강보험공단			소멸
2018.03.28 (60398)	압류	구로세무서			소멸
2018.07.24 (141723)	가압류	장	12,500,000	지원 2018카단3	소멸
2018.12.17 (243242)	강제	장	청구금액 10,286,850	2018타경1	소멸

출처: 두인경매

등기부현황을 보면 2012년 1월 20일 소유권이 오 모 씨로 이전되었고, 이후 2017년 6월 12일 안 모 씨의 전세권이 설정되었다. 순차적으로 2017년 6월 16일 (주)엠지OO코피 업체의 근저당권과 이후 시간순으로 가압류와 압류 등이 설정되었다. 이후 2018년 12월 17일 장 모 씨의 가압류를 바탕으로 강제경매가 진행되었다. 선순위전세권자인 안 모 씨는 경매신청이나 배당신청을 하지 않아 말소기준권리가 될 수 없고, 다음 순위인 (주)엠지OO코피 업체의 근저당권이 말소기준권리가 된다. 낙찰 시 말소기준권리와 이후 설정된 모든 권리는 소멸한다. 하지만 말소기준권리보다 선순위인 전세권 1억 1,000만 원은 소멸하지 않고 낙찰자 인수사항이 된다.

선순위전세권+대항력 갖춘 임차인

　배당 요구한 선순위전세권은 말소기준권리가 되어 보증금 전액을 배당받지 못하더라도 소멸이 원칙이나, 선순위전세권 지위와 대항력을 갖춘 임차인 지위를 동시에 가지고 있는 경우, 전세권이 매각(낙찰)으로 소멸하더라도 변제받지 못한 나머지 보증금에 한하여 대항력을 행사할 수 있다.

2022 타경 802　부산지방법원 동부산1계

담당계 (051) 780-1421

소재지	부산 수영구 민락동 22-8 광안리미소드리움		[민락본동로19번길 19-3] 도로명 검색			
물건종류	다세대/빌라	사건접수	2022.03.16	경매구분	임의경매
건물면적	38.57㎡ (11.67평)	소유자	(주)미	감정가	167,000,000원
대지권	9.9㎡ (2.99평)	채무자	주	최저가	(33%) 54,722,000원
매각물건	건물전부, 토지전부	채권자	윤　외3	입찰보증금	(10%) 5,472,200원

입찰 진행 내용

구분	입찰기일	최저매각가격	상태
1차	2022-12-05	167,000,000	유찰
2차	2023-01-16	133,600,000	유찰
3차	2023-02-20	106,880,000	유찰
4차	2023-03-27	85,504,000	유찰
5차	2023-05-01	68,403,000	유찰
6차	2023-06-05	54,722,000	낙찰

낙찰 159,000,000원 (95%)
(응찰 : 1명 / 낙찰자 : 윤　　)
매각결정기일 : 2023.06.12 - 매각허가결정

물건 사진

출처: 두인경매

임차인 현황　말소기준권리일 2019-04-26　소액임차기준일 2019-04-26　배당요구종기일 2022-05-31　　점유관계조사

임차인/대항력		점유부분	전입/확정/배당	보증금/월세	예상배당액 예상인수액	비고
윤	있음	301호 전부 / 주거 (점유: 2019.04.16.~ 2022.05.25.)	전입 : 2019-04-16 확정 : 2019-04-16 배당 : 2022-05-27	보증 : 159,000,000		

출처: 두인경매

점유자 성명	윤○○	
점유 부분	301호 전부	
정보출처 구분	권리신고	〈비고〉
점유의 권원	주거 임차인	윤○○: 1. 이 사건 신청채권자로서 전세권설정등기일은 2019년 4월 26일임.
임대차기간 (점유기간)	2019.04.16.~ 2022.05.25	
보증금	159,000,000	2. 임대차계약서상 임대기간은 2019년 4월 26일~2021년 4월 25일까지임.
차임		
전입신고 일자, 사업자등록 신청일자	2019.04.16	
확정일자	2019.04.16. (민락동 등부번호 268)	
배당요구여부 (배당요구일자)	2022.05.27	

출처: 대한민국법원 법원경매정보 매각물건명세서

이 물건은 배당신청한 선순위 전세권 지위와 대항력을 갖춘(전입+점유) 임차인 지위를 동시에 가지고 있어, 매각(낙찰)에 의해 전세권이 사라지더라도 대항력을 갖춘 임차인 지위를 가지고 있어 배당받지 못한 금액은 낙찰자(최고가매수인)가 인수한다.

접수번호	등기목적	권리자	채권금액	기타등기사항	소멸여부
2019.04.26 (27013)	소유권이전	(주)미 옴		전소유자: 부동산신탁 (주) 신탁재산의귀속신탁재 산의귀속 (2019.04.26)	
2019.04.26 (27014)	전세권	윤	159,000,000	말소기준권리 2019.04.26 ~2021.04.25	소멸
2020.08.28 (58333)	가압류	정	242,830,638	지 원 2020카단1	소멸
2022.03.17 (10096)	임의경매	윤	청구금액 159,000,000	2022타경8	소멸
2022.03.25 (11247)	압류	수영구			소멸

출처: 두인경매

임차인 현황 말소기준권리일 2019-04-26 소액임차기준일 2019-04-26 배당요구종기일 2022-05-31

임차인/대항력		점유부분	전입/확정/배당	보증금/월세	예상배당액 예상인수액	비고
윤OO	있음	301호 전부 / 주거 (점유: 2 019.04.16.~ 2022.05.25.)	전입 : 2019-04-16 확정 : 2019-04-16 배당 : 2022-05-27	보증 : 159,000,000	배당액 : 65,680,000 미배당 : 93,320,000 인수액 : 93,320,000	전세권자경매신청 채권자

출처: 두인경매

등기부현황을 보면 2019년 4월 26일 소유권이 (주)미OO옴으로 이전되었고, 이후 2019년 4월 26일 윤 모 씨의 전세권이 설정되었다. 순차적으로 2020년 8월 28일 가압류 설정된 후, 2022년 3월 17일 윤 모 씨의 전세권를 바탕으로 임의경매를 신청하여 경매가 진행되었다. 시기상 가장 빠른 윤 모 씨는 선순위전세권자로 경매신청을 했기에 말소기준권리가 되며 낙찰과 함께 소멸되는 것이 원칙이나, 임차인현황을 보면 윤 모 씨는 대항력을 갖춘 임차인 지위를 동시에 가지고 있어 낙찰되더라도 배당받지 못하는 나머지 보증금에 한해 대항력을 행사할 수 있다. 따라서 낙찰자 인수사항이 생길 수 있다.

- ✅ 후순위전세권 ➡ 말소기준권리보다 후순위로 소멸
- ✅ 선순위전세권 경매신청 or 배당요구 ➡ 말소기준권리가 되며 낙찰시 소멸
- ✅ 선순위전세권 경매신청(X) and 배당요구(X) ➡ 말소기준권리가 되지 못하며 전세권 다음 권리가 말소기준권리가 된다. 전세권은 말소기준권리보다 선순위로 인수
- ✅ 선순위전세권 경매신청 or 배당요구 and 대항력 갖춘 임차인 ➡ 말소기준권리가 되며, 배당받지 못한 금액 낙찰자 인수

④ 담보가등기

말소기준권리 중 하나인 담보가등기는 담보의 목적으로 채권자가 돈을 빌려줄 때 근저당권 외에 설정할 수 있는 가등기를 말한다. 부동산 경매에서는 담보가등기를 저당권과 비슷한 맥락으로 이해하며, 채무자가 돈을 갚지 않는다면 담보가등기를 바탕으로 경매를 신청할 수 있다. 배당은 채권 순위에 따라 배당받는다.

가등기는 소유권이전청구권가등기와 담보가등기로 구분되는데 말소기준권리는 담보가등기만 가능하다. 따라서 매매예약을 원인으로 하는 소유권이전청구권가등기는 말소기준권리가 되지 않는다. 문제는 등기부에 소유권이전청구권가등기든 담보가등기든 대부분 소유권이전청구권가등기로 표기된다는 것인데, 등기부에 기재된 내용만으로는 매매예약을 원인으로 하는 소유권이전청구권가등기인지 대물 반환예약을 원인으로 하는 담보가등기인지 알 수 없기에 실질적인 내용으로 종류를 구분해야 한다. 물론, 어렵지는 않다. 경매 물건에서 선순위가등기가 설정되어 있다면 법원에서는 가등기권자에게 가등기의 종류가 무엇인지 신고를 요구하며, 담보가등기인 경우 채권계산서를 제출하도록 한다.

가등기권자가 채권계산서를 제출했거나 채권을 받기 위한 경매신청을 했다면, 담보가등기로서 말소기준권리가 되고, 아무런 신고를 하지 않는 경우 매매예약을 위한 소유권이전청구권가등기로 말소기준권리가 되지 않아 인수사항이 될 수 있다. 말이 좀 어려울 수 있는데, 매각물건명세서를 확인해 보면 이해하는 데 도움이 될 것이다. 매각물건명세서에 매각으로 소멸되지 않고 인수되는 사항이 있다면 매각물건명세서상에 자세히 기재된다. 따라서 매각물건명세서로 인수 여부를 파악하는 것도 가능하다.

키워드

- **가등기:** 본등기를 할 요건이 갖춰지지 않은 경우에 본등기의 순위를 미리 보전하기 위해 임시로 하는 등기
- **소유권이전청구권가등기:** 매매예약에 의한 소유권을 보전하고 본등기 순위를 보전하기 위해 하는 등기
- **매각물건명세서:** 경매대상 물건의 정보 및 현황, 권리관계 등을 공시한 문서
- **채권계산서:** 채권에 대한 계산 내역을 증명하기 위한 문서

말소기준권리인 담보가등기 경매사례

등기부현황

No.	일자	권리종류	권리자	채권최고액	비고	소멸여부
1	2001.01.11 (2612)	소유권이전(매매)	안			
2	2017.07.28 (31794)	소유권이전 청구권가등기	한		말소기준등기 매매예약	소멸
3	2018.10.23 (40173)	압류	국(수원세무서)			소멸
4	2020.03.13 (10632)	압류	수원시(권선구청장)			소멸
5	2021.08.09 (30260)	임의경매	한	청구금액: 100,000,000원	2021타경2	소멸

출처: 두인경매

등기부현황을 보면 2001년 1월 11일 소유권이 안 모 씨로 이전되었고, 이후 2017년 7월 28일 소유권이전청구권가등기가 설정되었다. 순차적으로 2018년 10월 23일 수원세무서 압류, 2020년 3월 13일 수원시 압류, 2021년 8월 9일 소유권이전청구권가등기권자 한 모 씨가 임의경매를 신청하여 경매가 진행되었다. 여기서 말소기준권리는 시기상 가장 앞선 소유권이전청구권가등기이다. 매매예약을 원인으로 하는 소유권이전청구권가등기라 기재되었지만 채권신고를 했거나 경매신청을 했다면 담보가등기로 말소기준권리가 된다. 따라서 등기부 현황상 낙찰자가 인수하는 권리는 없다.

인수되는 소유권이전청구권가등기 경매사례

매각물건명세서

사 건	2021타경33	경매	매각 물건번호	1	작성 일자	2022.12.20	담임법관 (사법보좌관)	김	商金 印票
부동산 및 감정평가액 최저매각가격의 표시	별지기재와 같음		최선순위 설정		2019. 5. 24. 가압류		배당요구종기	2022.01.19	

부동산의 점유자와 점유의 권원, 점유할 수 있는 기간, 차임 또는 보증금에 관한 관계인의 진술 및 임차인이 있는 경우 배당요구 여부와 그 일자, 전입신고일자 또는 사업자등록신청일자와 확정일자의 유무와 그 일자

점유자의 성 명	점유부분	정보출처 구 분	점유의 권 원	임대차기간 (점유기간)	보 증 금	차 임	전입신고일자,사업 자등록 신청일자	확정일자	배당요구여부 (배당요구일자)
				조사된 임차내역없음					

※ 최선순위 설정일자보다 대항요건을 먼저 갖춘 주택·상가건물 임차인의 임차보증금은 매수인에게 인수되는 경우가 발생 할 수 있고, 대항력과 우선변제권이 있는 주택·상가건물 임차인이 배당요구를 하였으나 보증금 전액에 관하여 배당을 받지 아니한 경우에는 배당받지 못한 잔액이 매수인에게 인수되게 됨을 주의하시기 바랍니다.

등기된 부동산에 관한 권리 또는 가처분으로 매각으로 그 효력이 소멸되지 아니하는 것

목록 1 갑구 순위 6번, 목록 2 갑구 순위 5번 소유권이전등기청구권 가등기(2015. 10. 12. 등기)는 말소되지 않고 매수인이 인수함. 만약 가등기된 매매예약이 완결되는 경우에는 매수인이 소유권을 상실하게 됨.

매각에 따라 설정된 것으로 보는 지상권의 개요

비고란
- 일괄 매각
- 공부상 '임야'이나 맹지이며, 분묘가 수기 소재함(분묘기지권이 성립할 여지가 있음)

소멸되지 않고 인수되는 가등기는 매각물건명세서에 기재되며, 기재되지 않았다면 불허가신청이 가능하다.

⑤ 경매개시결정등기

법원으로부터 경매신청의 적법성이 인정되는 경우 경매 절차를 개시하는 경매개시결정등기를 촉탁 후, 경매가 진행된다. 경매개시결정등기가 설정되면 압류의 효력이 발생하여 해당 물건의 매각이나 처분이 불가하다. 경매개시결정등기보다 앞선 근저당권, 저당권, 가압류, 압류, 전세권, 담보가등기가 없다면 경매개시결정등기가 말소기준권리가 되며, 매각(낙찰)과 함께 소멸한다.

등기부 현황(집합) **채권액 합계** 0 **열람일자** 2023.03.06

접수번호	등기목적	권리자	채권금액	기타등기사항	소멸여부
2015.08.28 (53362)	소유권이전	홍	240,000,000	전소유자:권 매매(2015. 08.25)	
2021.10.07 (230040)	강제	주		**말소기준권리** 2021타경5	소멸

등기부현황을 보면 2015년 8월 28일 소유권이 홍 모 씨로 이전되었고, 이후 2021년 10월 7일 주 모 씨가 강제경매를 신청함으로써 경매개시결정등기가 설정되었다. 다른 권리가 있지 않아 경매개시결정등기가 말소기준권리가 되며, 이후 설정된 모든 등기부상의 권리는 낙찰 시 말소기준권리와 함께 소멸한다. 따라서 등기부 현황상 낙찰자가 인수하는 권리는 없다.

지금까지 권리분석의 첫 단계인 말소기준권리가 되는 등기들에 대해 알아보았다. 말소기준권리를 알아야 인수되는 권리들을 파악할 수 있으니, 올바른 권리분석을 위해 완벽히 이해해두도록 하자.

키워드

- **등기촉탁**: 등기는 당사자의 신청으로 하는 것이 원칙이나 법률 규정에 의해 법원 및 관공서가 등기소에 요청하여 등기하는 경우 이를 등기촉탁 또는 촉탁등기라 한다.

말소기준권리가 되는 등기

근저당권 · 저당권 · 가압류 · 압류 · 선순위전세권 ·
담보가등기 · 경매개시결정등기

위 7가지 중 시기적으로 가장 먼저 등기된 권리가 말소기준권리가 된다.
말소기준권리보다 먼저 설정된 권리는 매각(낙찰)되더라도 사라지지 않고
매수인에게 인수되며, 말소기준권리보다 늦은 권리는 매각으로 소멸한다.

말소기준권리 찾는 법

✔ 경매 매물은 등기부등본 내에 말소기준권리 1개 이상은
　반드시 존재한다.

✔ 등기부등본을 펼친다.

✔ 갑구와 을구를 시간순으로 나열 후, 살아있는 권리들만 정리한다.
　가장 빠른 근저당권, 저당권, 가압류, 압류, 전세권, 담보가등기,
　경매개시결정등기가 말소기준권리이다.

✔ 동일한 구는 순위번호, 다른 구는 접수 일자로 순위를 구별한다.

✔ 경매사이트는 요약된 등기부 현황과 말소기준권리를 알려준다.

등기부 권리분석과 함께 알아야 할 내용

이제부터 말소기준권리 외에도 경매 권리분석에 자주 등장하는 기타 권리에 대해 알아보도록 하자. 이 권리들은 말소기준권리가 되지 않는 것들로, 경매를 더 어렵고 위험하게 만드는 권리들이다. 이유인즉 시기와 상관없이 매각으로 소멸하지 않고 인수될 수 있기 때문이다. 가령 법정지상권이 정당하게 설정되었고 성립요건에 부합한다면, 매각되더라도 낙찰자는 인수해야 하는 위험이 있다. 따라서 초보라면 이런 권리들이 설정된 것들에 더 각별한 주의가 필요하다.

① 법정지상권

법정지상권이란 토지와 건물이 동일 소유자에 속하였다가 매각 또는 기타 원인(경매 등)으로 인해 소유자가 각각 달라지더라도 건물을 보호받을 수 있는 권리다. 예를 들어 '갑'이 자기 소유의 A 땅 위에 B 건물을 짓던 중 돈이 필요해 B 건물만 '을'에게 매각한 후 남은 A 땅을 '병'에게 매각했다면,

'병' 입장에서는 자기 땅 위에 남의 건물이 올라와 사용하고 있다는 생각에 건물철거를 요청할 수 있다. 하지만 이것이 허용된다면 멀쩡한 건물이 철거되며 건물주와 세입자들은 큰 피해를 보게 된다. 이런 피해를 방지하고자 별도의 지상권 등기를 하지 않더라도 관습법상 법정지상권을 인정, 건물을 보호하는 것이다. 법정지상권 성립요건은 다음과 같다.

- 토지와 건물이 동일 소유자일 것
- 매매 또는 기타 원인(경매 등)으로 토지와 건물 소유자가 나뉠 것
- 별도로 건물 철거 등의 특별한 약정이 없을 것

법정지상권은 별도의 지상권 등기를 하지 않아도 인정되기에 낙찰자가 인수해야 하는 상황이 생겨 생각지 못한 손해를 볼 수 있다. 다만 토지주는 건물주에게 지료(토지사용료)를 청구할 수 있으며, 2년 이상 지료가 연체되었을 때는 법정지상권 소멸청구가 가능하다. 또한 경매 물건의 법정지상권 여부는 매각물건현황서와 매각물건명세서를 통해 확인할 수 있으며, 성립 여부가 불분명하여 다툼의 여지가 있다는 내용만 기록된다.

목록		지번/토지이용계획/용도/구조/면적	감정가	비고
토지	1	진우리 705 전 1798㎡ (543.9평) [토지이용계획] 계획관리지역 | 배출시설설치제한지역 | 공장설립승인지역 | 특별대책지역 | 성장관리계획구역 | 가축사육제한구역 | 자연보전권역	546,592,000 304,000(원/㎡)	[매각제외] : 소유자미상건물 =법정지상권 성립여부불분명
현황위치		**[토지]** 본건은 경기도 광주시 도척면 진우리 소재 "진우3리마을회관"남동측에 인접하여 위치하며,주위는 중소규모 공장 및 창고,단독주택,농경지 등이 소재하고 있음. 지적상 맹지로서 자량의 접근이 곤란하고, 인근에 버스정류장이 소재하고 있음. 부정형의 평지로서 전 등으로 이용 중임.-별지 항공지적도,사진용지 참조. 지적상 맹지임. *농지취득자격증명필요		
비고		• 지적상 맹지임 • 공부상 지목은 전이나 매각에서 제외되는 제시외 건물이 소재하고, 일부는 인접 마을회관의 주차장 일부 및 쓰레기처리장으로 이용(현황조사보고서 및 감정평가서) • 농지취득자격증명 필요요(미제출시 보증금 몰수) • 제시외 건물로 제한받는 감정평가액은 533,299,600원		

매각물건명세서

사 건	2021타경5 2023타경5	임의경매	매각물건번호	1	작성일자	2023.03.23	담임법관 (사법보좌관)	조	
부동산 및 감정평가액 최저매각가격의 표시	별지기재와 같음		최선순위 설정	2006. 7. 13. 근저당권			배당요구종기	2022.01.24	

부동산의 점유자와 점유의 권원, 점유할 수 있는 기간, 차임 또는 보증금에 관한 관계인의 진술 및 임차인이 있는 경우 배당요구 여부와 그 일자, 전입신고일자 또는 사업자등록신청일자와 확정일자의 유무와 그 일자

점유자의 성 명	점유부분	정보출처 구 분	점유의 권 원	임대차기간 (점유기간)	보증금	차 임	전입신고일자,사업자등록 신청일자	확정일자	배당요구여부 (배당요구일자)
				조사된 임차내역없음					

※ 최선순위 설정일자보다 대항요건을 먼저 갖춘 주택·상가건물 임차인의 임차보증금은 매수인에게 인수되는 경우가 발생할 수 있고, 대항력과 우선변제권이 있는 주택·상가건물 임차인이 배당요구를 하였으나 보증금 전액에 관하여 배당을 받지 아니한 경우에는 배당받지 못한 잔액이 매수인에게 인수되게 됨을 주의하시기 바랍니다.

등기된 부동산에 관한 권리 또는 가처분으로 매각으로 그 효력이 소멸되지 아니하는 것

매각에 따라 설정된 것으로 보는 지상권의 개요

지상에 매각에서 제외되는 제시외 건물 3동(축사 및 부속 건물) 있으나 법정지상권 성립여부는 불분명

비고란
-지적상 맹지임
-공부상 지목은 전이나 매각에서 제외되는 제시외 건물이 소재하고, 일부는 인접 마을회관의 주차장 일부 및 쓰레기처리장으로 이용(현황조사보고서 및 감정평가서)
-농지취득자격증명 필요요(미제출시 보증금 몰수)
-제시외 건물로 제한받는 감정평가액은 533,299,600원

법정지상권의 성립 여지가 있는 경매물건은 매각물건현황 및 매각물건명세서에서 어렵지 않게 확인할 수 있다.

② 가처분

가처분은 다툼의 여지가 있는 대상에 권리관계나 현상 변경을 하지 못하도록 법원에 임시로 요구하는 것을 말한다. 예를 들어 부동산 권리관계의 다툼으로 소송이 진행 중이라면, 판결이 확정되고 강제집행까지는 많은 시간이 소요되는데 그 기간에 소유주가 부동산을 매도한다면 판결에 따라 피해가 커질 수 있다. 이런 경우 재판을 시작할 때 법원에 처분금지 가처분을 함께 신청할 수 있다.

가처분은 특정 부동산에 어떠한 행위를 임시로 요구하는 것으로 채권의 보전을 위한 가압류와 다르기에 말소기준권리가 될 수 없다. 따라서 말소기준권리보다 먼저 등기된 선순위가처분의 경우에는 매각으로 소멸되지 않고 낙찰자 인수사항이며, 말소기준권리보다 늦은 후순위가처분은 매각으로 소멸하는 것이 원칙이다.

하지만 후순위여도 낙찰자가 인수해야 하는 가처분이 있는데, 소유권이전등기 말소청구권 가처분, 건물철거 및 토지인도청구권가처분은 후순위가처분이라도 재판 결과에 따라 인수될 수 있으니 이러한 물건은 입찰에 각별한 주의가 필요하다. 그렇다고 너무 어려워할 필요는 없다. 매각으로 소멸하지 않고, 인수되는 가처분이 있는 경우 매각물건명세서에 기재되기에 쉽게 구별할 수 있다.

(1) 소유권이전등기 말소청구권가처분

예를 들어 A의 땅을 B가 서류 위조를 통해 이전해갔다면, A는 땅을 되찾기 위해 B를 상대로 소유권이전청구 소송을 제기해야 한다. 또한 재판 과정에서 권리변경이 일어나지 않도록 사전에 소유권이전등기 말소청구권가처분을 신청한다면 제3자에게 소유권이 이전되더라도 A는 다시 땅을 되찾을 수 있다. 따라서 이러한 가처분이 걸려있는 경매 물건은 후순위라 하더라도 입찰해선 안 되는 물건이다.

(2) 건물철거 및 토지인도 청구권 가처분

앞에서 배운 법정지상권은 여러 가지 성립요건이 필요하다. 만약 법정지상권이 성립하지 않는 건물이라면 내 땅 위의 건물을 철거한다는 소송과 함께 건물철거 및 토지인도 청구를 위한 건물 처분금지 가처분을 해야 한다. 이 경우 가처분은 매각으로 소멸하지 않고 낙찰자 인수사항이 되기에 입찰해선 안 되는 물건이다.

매각물건명세서

사 건	2020타경5	부동산강제경매	매각 물건번호	8	작성 일자	2022.10.31	담임법관 (사법보좌관)	박	(法院 印)
부동산 및 감정평가액 최저매각가격의 표시		별지기재와 같음	최선순위 설정		2007.4.13.(가압류)		배당요구종기	2020.05.21	

부동산의 점유자와 점유의 권원, 점유할 수 있는 기간, 차임 또는 보증금에 관한 관계인의 진술 및 임차인이 있는 경우 배당요구 여부와 그 일자, 전입신고일자 또는 사업자등록신청일자와 확정일자의 유무와 그 일자

점유자의 성 명	점유부분	정보출처 구 분	점유의 권 원	임대차기간 (점유기간)	보 증 금	차 임	전입신고일자,사업 자등록 신청일자	확정일자	배당요구여부 (배당요구일자)
				조사된 임차내역없음					

※ 최선순위 설정일자보다 대항요건을 먼저 갖춘 주택·상가건물 임차인의 임차보증금은 매수인에게 인수되는 경우가 발생 할 수 있고, 대항력과 우선변제권이 있는 주택·상가건물 임차인이 배당요구를 하였으나 보증금 전액에 관하여 배당을 받지 아니한 경우에는 배당받지 못한 잔액이 매수인에게 인수되게 됨을 주의하시기 바랍니다.

등기된 부동산에 관한 권리 또는 가처분으로 매각으로 그 효력이 소멸되지 아니하는 것

갑구 순위번호 19번 가처분등기(2019.10.17. 접수 제67165호)는 말소되지 않고 매수인에게 인수됨.

매각에 따라 설정된 것으로 보는 지상권의 개요

비고란
1. 대지권 미등기로 건물만 매각. 최저매각가격은 건물만의 가격임.
2. 건물철거청구권을 피보전권리로 한 가처분권자이자 토지소유자의 본안 판결이 1심에서 인용됨(건물철거 및 임료상당 부당이득 반환).

출처: 대한민국법원 법원경매정보 매각물건명세서

이러한 가처분을 어려워할 필요는 없다. 매각으로 소멸하지 않고, 인수되는 가처분이 존재하는 경우 매각물건명세서에 기재된다.

③ 유치권

유치권은 타인의 물건을 점유한 자가 이에 관하여 생긴 채권의 변제를 받을 때까지 그 물건을 유치할 수 있는 권리이다. 예를 들어 '갑'이 '을'에게 부동산 신축공사 혹은 인테리어 공사를 맡기고 비용을 지급하지 않았다면, '을'은 해당 부동산을 점유하고 비용을 받을 때까지 부동산 인도를 거절할 수 있다. 유치권은 당사자들의 합의로 성립되는 것이 아니며, 등기를 요구하지 않는 권리이기에 등기부등본에 나와 있지도 않다. 유치권 신고서의 제출 여부는 매각물건현황과 매각물건명세서에서 확인할 수 있으며, 이러한 신고가 있는 물건들은 각별한 주의를 요한다.

매각 물건 현황 감정원 정우감정 가격시점 2020.04.21

목록		지번/토지이용계획/용도/구조/면적	감정가	비고
건물	1	대동리 1층 40.91m²(12.38평) 2층 27.47m²(8.31평) 3층 25.84m²(7.82평)	355,100,000 3,768,839(원/m²)	보존등기:2014.06.18
		대지권(대지) 5876m² 중 153.725m²(46.5평)	174,900,000 1,137,746(원/m²)	
토지이용계획		제한보호구역(전방지역 : 25km) | (한강)폐기물매립시설 설치제한지역 | 보전관리지역 | 계획관리지역 | 성장관리방안 수립지역 | 가축사육제한구역		
현황위치		[구분건물] 본건은 경기도 파주시 탄현면 대동리 소재 제104동 제1층 제108호로서 주위는 연립주택, 근린생활시설, 농경지, 임야 등이 혼재하는 지역으로서 제반 주위환경 보통임. 본건까지 차량 진출입 가능하며, 노선버스 정류장까지의 거리 및 운행빈도 등으로 보아 대중교통사정은 다소 불편시됨. 철근콘크리트구조 팽스라브지붕 4층 건물내 제1층 제108호로서,외벽: 석재패널 붙임 마감 등내벽: 벽지 및 일부 타일붙임 마감창호: PVC 이중장호 유리장임. 연립주택(복충구조- 방3, 거실, 주방, 욕실겸화장실, 계단실, 현관 등)으로 이용중임. LPG가스에 의한 개별난방설비, 위생 및 급배수설비, 소화전설비 등이 되어있음. 본건 단지내 포장도로가 개설되어 있으며, 외곽 공도와 연계되어 있음.		
비고		• 04.02.자 이　　(상호:삼　공조)로부터 유치권신고서(금1,028,610,000원)가 제출되었으나 성립여부는 불분명함. • 확정판결(고양지원 2021가합76463)이 제출됨.		

출처: 두인경매

등기부 권리분석과 함께 알아야 할 내용

✅ 법정지상권

✅ 가처분(소유권이전등기 말소청구권 가처분, 건물철거 및 토지인도청구권 가처분)

✅ 유치권

위 권리들은 말소기준권리가 되지 않으며, 매각으로 소멸하지 않고 인수
될 수 있다. 등기부등본(가처분), 매각물건현황서, 매각물건명세서를 통해
신고 여부를 알 수 있다.

임차인 권리분석

지금까지 우리는 1단계 권리분석인 등기부 권리분석(말소기준권리 찾는 것부터 말소기준권리가 되지 않는 기타 권리)에 대해 알아보았다. 하지만 등기부 권리분석만으로는 경매물건의 분석이 끝나지 않는다. 등기부 권리분석과 함께 임차인 권리분석까지 모두 끝내야 입찰에 안전한 물건인지 알 수 있다는 것이다. 이제 2단계 권리분석인 임차인 권리분석에 대해 살펴보자.

경매물건은 소유자 외에도 임차인이 점유하고 있는 경우가 많다. 임차인이 아닌 채무자 및 소유자가 점유하고 있는 물건은 임차인 권리분석이 필요치 않아 지상권이나 가처분 등의 인수사항만 없다면 입찰이 쉽다. 만약 임차인이 존재한다면 임차인의 대항력 유무, 배당순위, 배당 여부에 따라 낙찰자가 보증금을 인수해야 하는 위험이 발생하는데, 임차인 권리분석을 통해 이러한 위험을 사전에 점검할 수 있다.

임차인 권리분석 핵심		
대항력	우선변제권	배당요구

① 대항력

대항력은 이미 유효하게 이루어진 권리를 제3자에게 주장할 수 있는 효력이다. 부동산 경매에서 대항력을 갖춘 임차인의 경우 보증금 전액을 변제받을 때까지 주택 인도를 거절할 수 있으며, 배당받지 못한 보증금의 잔액은 낙찰자가 인수해야 한다. 따라서 입찰자는 권리분석을 통해 임차인의 대항력 유무를 반드시 확인해야 한다. 대항력은 임대차 계약을 맺었다고 해서 생기는 것은 아니며, 그에 따른 요건이 필요하다.

첫째, 주택을 인도받아 실제 점유해야 한다.
둘째, 말소기준권리보다 빠른 전입일자가 필요하다.

이 두 가지 요건이 성립되면 대항력이 발생한다. 말소기준권리 설정 일자보다 임차인의 전입일자가 빠르면 대항력이 존재하는 선순위 임차인이며, 말소기준권리 설정 일자보다 임차인의 전입일자가 느리면 대항력 없는 후순위 임차인이라 부른다. 대항력이 존재한다면, 배당받지 못한 임차인의 보증금을 낙찰자가 인수해야 한다. 대항력이 존재하지 않는다면 임차인이 보증금을 배당받지 못하더라도 낙찰자는 인수 책임이 없으며, 명도 합의가 되지 않더라도 인도명령을 통해 임차인을 내보낼 수 있다.

여기서 중요한 것은 대항력 발생 시점인데 내가 점유하고 전입신고를 마친, 다음 날 0시부터 대항력이 발생한다. 예를 들어 임차인이 2023년 9월 1일 전입신고를 마쳤다면 대항력은 2023년 9월 2일 0시부터 발생한다. 만약 말소기준권리인 근저당권 설정일이 2023년 9월 1일 임차인의 전입신고와 같은 날 설정되었다면, 임차인의 대항력 발생 시점은 2023년 9월 2일로 대항력 없는 후순위 임차인이 되는 것이다. 결국 대항력을 갖추려면 말소기준권리보다 반드시 하루 이상 앞서야 한다.

【대항력 있는 선순위 임차인】

2023. 8. 10. **임차인 전입**
(대항력 2023. 8. 11. 0시 발생)

2023. 9. 10. **근저당 설정**
(근저당 2023. 9. 10. 당일 효력 발생)

【대항력 없는 후순위 임차인】

2023. 8. 10. **근저당권 설정**

2023. 9. 10. **임차인 전입**

키워드

- **인도명령:** 대항력 없는 점유자가 부동산 인도를 거부할 경우, 부동산을 인도받기 위해 법원으로부터 받아내는 집행권원

② 대항력을 판단하는 문서와 분석 유형

그렇다면 대항력 판단 시 필요한 점유와 전입일은 어디서 확인할 수 있을까? 임차인의 전입일자는 매각물건명세서와 전입세대확인서에서 볼 수 있으며, 유료 경매정보업체의 임차인현황에서도 확인할 수 있다. 실제 점유 여부는 임장을 통해 알 수 있으나 입찰자 입장에서 임차인과 전입일자만 존

재한다면 점유로 간주한다. 더러 위장 임차인이 존재하기에 이를 밝혀 대항력을 무산시키기도 하나 초보들은 이러한 물건보다 안전한 물건에 입찰함으로써 위험을 비켜 가는 것이 바람직하다. 즉, 임차인이 존재하고 전입일자가 있다면 점유하고 있다는 가정하에 권리분석을 해야 할 것이다.

만약 대항력을 취득한 임차인이 잠시 전출(다른 곳으로 전입) 후, 다시 임차 주택으로 전입신고를 했다면 새로 전입된 전입일자로 대항력 유무를 판단한다. 임차인이 잠깐 전출된 사이 근저당(말소기준권리)이 설정되고, 이후 임차인이 다시 전입했다면 말소기준권리보다 늦은 전입일자로 대항력은 사라지게 된다. 다만 대항력을 취득한 임차인이 그 가족과 함께 점유하던 중 가족들은 그대로 둔 채 본인만 일시적으로 전출했다면 대항력이 유지된다. 이 같은 경우, 전입세대확인서 열람을 통해 최초전입자의 전입일자를 쉽게 파악할 수 있다.

전입세대확인서(동거인포함)

발급번호				발급일자			2023년 2월 21일 09:23:09		
열람 또는 교부 대상 건물 또는 시설 소재지	서울특별시 송파구 송파대로			702호					
세대순번	세대주 / 최초 전입자	성명	전입일자	등록구분	동거인 사항	순번	성명	전입일자	등록구분
			최초 전입자의 전입일자						
1	세대주	이 (李)	2022-09-06	거주자	동거인				
	최초 전입자		2022-09-06						

「주민등록법」 제29조의2제1항 및 같은 법 시행규칙 제14조제1항에 따라 해당 건물 또는 시설의 소재지에 주민등록이 되어 있는 세대가 위와 같음을 증명합니다.

2023년 2월 21일

서울특별시 강동구 상일제1동장

출처: 전입세대열람내역서 두인경매 제공

전입세대확인서로 세대주 전입일자와 최초 전입자(세대주 외에 가족이 먼저 전입한 경우)의 전입일자를 확인할 수 있다.

(1) 선순위 임차인으로 대항력이 존재해 보증금이 인수되는 사례 1

임차인 현황 말소기준권리일 2020-05-18 소액임차기준일 2021-10-25 배당요구종기일 2022-01-17

임차인/대항력	점유부분	전입/확정/배당	보증금/월세	예상배당액 예상인수액	비고
박	있음	403호 전부 / 주거 (점유: 2 019.02.27.~ 2022.01.17.)	전입 : 2019-02-27 확정 : 2019-03-27 배당 : 2022-01-17	보증 : 103,000,000	배당액 : 11,990,000 미배당 : 91,010,000 인수액 : 91,010,000	

출처: 두인경매

등기부 현황(집합) 채권액 합계 4,566,000,000 열람일자 2022.10.04

접수번호	등기목적	권리자	채권금액	기타등기사항	소멸여부
2019.02.27 (69588)	소유권이전	진	103,000,000	전소유자:박 매매(2019. 01.18)	
2020.05.18 (228505)	가압류	주택도시보증공사	4,566,000,000	말소기준권리 지원 2020카단1	소멸
2020.06.24 (290524)	압류	강서세무서장			소멸
2021.02.02 (43467)	압류	서울특별시			소멸
2021.10.25 (433225)	강제	박	청구금액 103,000,000	2021타경523091	소멸
2021.12.16 (507279)	압류	양천세무서장			소멸

출처: 두인경매

유료 경매정보업체가 제공하는 정보로 임차인의 대항력 여부를 파악할 수 있다.

【대항력 있는 선순위 임차인】

2019. 2. 27. **임차인 박OO 전입**
(대항력 2019. 2. 28. 0시 발생)

2020. 5. 18. **가압류 설정**

임차인 박 모 씨의 전입일자는 2019년 2월 27일로 말소기준권리인 가압류 설정일(2020년 5월 18일)보다 빠르기에 임차인 박 모 씨는 대항력이 존재하며, 보증금 전액을 배당받지 못한다면 낙찰자가 남은 보증금을 인수해야 한다. 따라서 이 물건은 함부로 입찰해선 안 된다. 입찰을 원한다면 인수하는 금액이 정확히 얼마인지 파악한 후, 인수금액을 뺀 금액으로 입찰해야 한다. 유료 경매정보업체에서는 대항력을 쉽게 파악할 수 있도록 대항력 유무, 전입일자, 확정일자, 배당일자, 말소기준권리일 등 다양한 정보를 제공하고 있다.

(2) 선순위 임차인으로 대항력이 존재해 보증금이 인수되는 사례 2

매각물건명세서

사 건	2022타경1 부동산강제경매		매각물건번호	1	작성일자	2023.03.27	담임법관(사법보좌관)	이	中卓印東
부동산 및 감정평가액 최저매각가격의 표시	별지기재와 같음		최선순위 설정		2022.09.16. 강제경매개시결정		배당요구종기	2022.12.20	

부동산의 점유자와 점유의 권원, 점유할 수 있는 기간, 차임 또는 보증금에 관한 관계인의 진술 및 임차인이 있는 경우 배당요구 여부와 그 일자, 전입신고일자 또는 사업자등록신청일자와 확정일자의 유무와 그 일자

점유자 성 명	점유 부분	정보출처 구분	점유의 권원	임대차기간 (점유기간)	보 증 금	차 임	전입신고일자, 사업자등록신청일자	확정일자	배당 요구여부 (배당요구일자)
안	전부	권리신고	주거 임차인	2020.03.31.-현재까지	60,000,000		2020.04.01.	2020.11.02.	2022.09.29

〈비고〉

※ 최선순위 설정일자보다 대항요건을 먼저 갖춘 주택·상가건물 임차인의 임차보증금은 매수인에게 인수되는 경우가 발생 할 수 있고, 대항력과 우선변제권이 있는 주택·상가건물 임차인이 배당요구를 하였으나 보증금 전액에 관하여 배당을 받지 아니한 경우에는 배당받지 못한 잔액이 매수인에게 인수되게 됨을 주의하시기 바랍니다.

등기된 부동산에 관한 권리 또는 가처분으로 매각으로 그 효력이 소멸되지 아니하는 것

매각에 따라 설정된 것으로 보는 지상권의 개요

비고란

출처: 대한민국법원 법원경매정보 매각물건명세서

매각물건명세서가 제공하는 정보로 임차인의 대항력 여부를 파악할 수 있다.

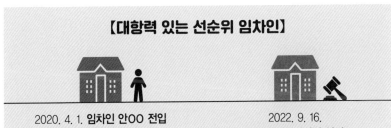

최선순위설정일(말소기준권리)는 2022년 9월 16일 강제경매개시결정 등기이며, 임차인 안 모 씨의 전입일자는 2020년 4월 1일이므로 대항력이 존재하는 선순위 임차인이다. 따라서 임차인의 보증금 6,000만 원을 전액 배당받지 못한다면 배당받지 못한 잔액에 대해서는 낙찰자가 인수해야 한다. 따라서 이 물건은 함부로 입찰해선 안 된다. 입찰을 원한다면 인수하는 금액이 정확히 얼마인지 파악한 후, 인수금액을 뺀 금액으로 입찰해야 한다.

(3) 후순위 임차인으로 대항력 없는 사례 1

임차인 현황 말소기준권리일 2015-11-20 소액임차기준일 2015-11-20 배당요구종기일 2022-06-14

임차인/대항력	점유부분	전입/확정/배당	보증금/월세	예상배당액 예상인수액	비고
임	없음	전부 / 주거 (점유: 2022. 03.01.~202 4.03.01.) 전입 : 2022-03-28 확정 : 2022-03-28 배당 : 2022-06-10	보증 : 95,000,000	배당액 : 0 미배당 : 95,000,000 인수액 : 없음	

출처: 두인경매

등기부 현황(집합) 채권액 합계 132,000,000 열람일자 2023.02.17

접수번호	등기목적	권리자	채권금액	기타등기사항	소멸여부
2015.11.17 (142386)	소유권이전	박		보존	
2015.11.20 (144738)	근저당권	아 대부	132,000,000	말소기준권리 여수수협의 근저이전	소멸
2022.03.03 (67947)	임의경매	여수수협	청구금액 4,199,393,831	2022타경504974	소멸

출처: 두인경매

유료 경매정보업체가 제공하는 정보로 임차인의 대항력 여부를 파악할 수 있다.

2015. 11. 20. **근저당권 설정**   2022. 3. 28. **임차인 임○○ 전입**

임차인 임 모 씨의 전입일자는 2022년 3월 28일로 말소기준권리인 근저당권 설정일 2015년 11월 20일보다 느리기에 대항력이 존재하지 않는 후순위 임차인이다. 따라서 임차인이 배당받지 못한 보증금이 있더라도 낙찰자가 인수하지 않아 입찰에 안전한 물건이다.

(4) 후순위 임차인으로 대항력 없는 사례 2

매각물건명세서

사 건	2022타경	부동산임의경매		매각물건번호	1	작성일자	2023.02.09		담임법관 (사법보좌관)		한	日 印
부동산 및 감정평가액 최저매각가격의 표시		별지기재와 같음		최선순위 설정		2015.12.30. [근저당권]			배당요구종기		2022.03.29	

부동산의 점유자와 점유의 권원, 점유할 수 있는 기간, 차임 또는 보증금에 관한 관계인의 진술 및 임차인이 있는 경우 배당요구 여부와 그 일자, 전입신고일자 또는 사업자등록신청일자와 확정일자의 유무와 그 일자

점유자 성 명	점유 부분	정보출처 구 분	점유의 권 원	임대차기간 (점유기간)	보 증 금	차 임	전입신고 일자, 사업자등록 신청일자	확정일자	배당 요구여부 (배당요구일자)
권	전부	현황조사	주거 임차인	2021.3.~2023.3.	20,000,000	150,000	2019.11.25.		
	전부	권리신고	주거 임차인	2021.03.01~ 2023.03.01	20,000,000	150,000	2019.11.25	2021.07.22	2022.01.25

〈비고〉

※ 최선순위 설정일자보다 대항요건을 먼저 갖춘 주택·상가건물 임차인의 임차보증금은 매수인에게 인수되는 경우가 발생 할 수 있고, 대항력과 우선변제권이 있는 주택·상가건물 임차인이 배당요구를 하였으나 보증금 전액에 관하여 배당을 받지 아니한 경우에는 배당받지 못한 잔액이 매수인에게 인수되게 됨을 주의하시기 바랍니다.

등기된 부동산에 관한 권리 또는 가처분으로 매각으로 그 효력이 소멸되지 아니하는 것
매각에 따라 설정된 것으로 보는 지상권의 개요
비고란

출처: 대한민국법원 법원경매정보 매각물건명세서

매각물건명세서가 제공하는 정보로 임차인의 대항력 여부를 파악할 수 있다.

【대항력 없는 후순위 임차인】

2015. 12. 30. **근저당권 설정**   2019. 11. 25. **임차인 권○○ 전입**

최선순위설정일(말소기준권리)는 2015년 12월 30일 근저당권이며, 임차인 권 모 씨의 전입신고 일자는 2019년 11월 25일이므로 말소기준권리보다 늦은 전입일자로 임차인의 대항력은 존재하지 않는다. 따라서 임차인이 배당받지 못한 보증금이 있더라도 낙찰자가 인수하지 않아 입찰에 안전한 물건이다.

핵심요약

✅ **선순위 임차인:** 말소기준권리 설정일보다 임차인의 전입일자가 빠르다면 대항력이 존재하며, 보증금 전액을 배당받지 못한다면 배당받지 못한 잔액은 낙찰자가 인수한다.

✅ **후순위 임차인:** 말소기준권리 설정일보다 임차인의 전입일자가 늦다면 대항력이 없으며, 낙찰자가 인수하는 것도 없다. 대항력 없는 임차인은 인도명령 대상자이다.

③ 우선변제권

우선변제권이란 주택임대차보호법상 임차인의 보증금을 우선하여 변제받을 수 있는 권리를 말하는데, 대항력이 존재해도 배당까지 우선순위로 받을 수 있는 건 아니다. 대항력은 보증금 전액을 돌려받을 때까지 주택 인도를 거절할 수 있는 권리일 뿐, 후순위 채권자나 그 밖의 채권자보다 우선하여 보증금을 배당받으려면 우선변제권을 취득해야 한다. 우선변제권을 취득하기 위해서는 대항력을 갖춘 상태에서 임대차계약서상의 확정일자까지 갖춰야 하며, 대항력을 갖춘 상태에서 확정일자까지 말소기준권리보다 빠르다면 후순위 채권자보다 먼저 배당받을 권리를 취득할 수 있다.

(1) 확정일자와 배당순위

확정일자란 임대차 계약 체결 날짜를 확인하기 위한 것으로 계약서 여백에 날짜가 찍힌 도장을 찍음으로써 사후 변경 및 위조를 방지하고 해당 문서의 존재를 증명한다. 계약서는 당사자들의 이해관계에 따라 얼마든지 작성과 변조, 증액과 감액이 가능하니 확정일자라는 객관적 증명을 통해야 법원도 우선변제권을 보장한다는 취지이다. 만약 재계약을 통해 보증금을 올렸다면, 증액된 금액에 대한 확정일자를 추가로 받아야 우선변제를 받을 수 있다. 추가로 증액된 부분만 확정일자를 받기에 초기 보증금에 대한 확정일자와 증액된 보증금의 확정일자가 서로 상이해 배당순위는 각각 달라질 수 있다. 만약 재계약을 통해 증액하고자 한다면 등기부등본을 통해 권리의 변동은 없는지 먼저 확인 후 재계약이 진행되어야 한다.

확정일자를 기준으로 배당순위가 정해지며, 확정일자가 없다면 배당요구를 하더라도 순위가 밀려 배당받지 못하는 사례가 발생한다. 즉 경매에서 확정일자는 배당순위로 이해해도 된다. 확정일자는 임대차계약서 원본과 신분증 지참 후 관할 행정복지센터(주민센터)에 방문하거나 인터넷등기소를 통해 받을 수 있다.

· 판례 ·

대항요건과 임대차계약증서상의 확정일자를 갖춘 임차인은 경매 등에 의한 환가대금에서 후순위권리자나 기타 채권자보다 우선하여 보증금을 변제받을 권리가 있다고 규정하는바, 주택의 임차인이 주택의 인도와 주민등록을 마친 당일 또는 그 이전에 임대차계약증서상에 확정일자를 갖춘 경우 같은 법 제3조의2 제1항에 의한 우선변제권은 같은 법 제3조 제1항에 의한 대항력과 마찬가지로 주택의 인도와 주민등록을 마친 다음 날을 기준으로 발생한다.

[대법원 1999. 3. 23. 선고 98다46938 판결 (배당이의)]

---

(2) 확정일자와 전입일자가 다른 경우

임차인이 전세 계약하면 그 계약서를 가지고 확정일자를 받을 수 있다. 일반적으로 전입신고와 함께 확정일자까지 받는 경우가 많으나 전입신고 일자보다 확정일자를 더 빨리 받거나 늦게 받는 경우도 빈번하다. 이런 경우 법원이 인정해주는 확정일자는 각각 다르다.

전입일자보다 확정일자가 느리다면 확정일자를 기준으로 우선변제권이 생기며, 전입일자보다 확정일자가 빠르다면 확정일자가 아닌 전입일자 익일부터 우선변제권이 생긴다. 전입일자보다 확정일자를 먼저 받은 경우라 하더라도 우선변제권을 인정해주지 않는 것이다. 전입신고와 확정일자가 같다면 대항력이 발생하는 익일부터 우선변제권을 취득한다.

전입일자	확정일자	대항력 발생 시기	우선변제권 발생 시기
2023년 8월 1일	2023년 8월 1일	2023년 8월 2일 0시	2023년 8월 2일 0시
2023년 8월 1일	2023년 9월 5일	2023년 8월 2일 0시	2023년 9월 5일
2023년 8월 1일	2023년 7월 9일	2023년 8월 2일 0시	2023년 8월 2일 0시

다음에서 우선변제권 분석사례를 살펴보자.

■ 말소기준권리보다 전입일자가 빠르고(대항력 O) + 확정일자가 빠른 경우

임차인 현황 말소기준권리일 2020-06-15 소액임차기준일 2020-06-15 배당요구종기일 2020-08-26

임차인/대항력		점유부분	전입/확정/배당	보증금/월세	예상배당액 예상인수액	비고
이	있음	전부 / 주거 (점유: 2018. 3.26.~현재)	전입 : 2018-03-26 확정 : 2018-03-26 배당 : 2020-08-24	보증 : 50,000,000	배당액 : 4,680,000 미배당 : 45,320,000 인수액 : 45,320,000	경매신청채권자

출처: 두인경매

등기부 현황(집합) 채권액 합계 0 열람일자 2022.10.19   [유의사항]

접수번호	등기목적	권리자	채권금액	기타등기사항	소멸여부
2016.02.02 (6047)	소유권이전	차		전소유자:에이 개발 (주) 매매(2016.02.01)	
2020.06.15 (28379)	강제	이	청구금액 50,000,000	말소기준권리 2020타경1	소멸

출처: 두인경매

【전입 및 확정일자가 빠른 경우】

2018. 3. 26. **임차인 전입 및 확정일자**　　　　2020. 6. 15. **강제경매개시결정**
(보증금 5,000만 원)

임차인 이 모 씨의 전입일자와 확정일자는 2018년 3월 26일로 말소기준권리인 강제경매개시결정 설정일 2020년 6월 15일보다 빠르기에 대항력과 우선변제권이 존재한다. 배당신청까지 했기에 배당순위에 따라 보증금 5,000만 원을 가장 우선해 배당받으며, 배당받지 못한 보증금은 낙찰자가 인수해야 한다. 따라서 이 물건은 함부로 입찰해선 안 된다. 입찰을 원한다면 인수하는 금액이 정확히 얼마인지 파악한 후, 인수금액을 뺀 금액으로 입찰하는 것이 바람직하다. 이 경우, 선택지는 두 가지다.

첫째, 고가입찰 전략으로 5,000만 원 이상으로 입찰해 세입자가 전액 배당받음으로써 보증금을 인수하지 않는 방법(인수사항 없음)

둘째, 낮은 가격으로 낙찰받아 배당받지 못한 세입자의 보증금을 인수하는 방법(인수사항 있음)

고가입찰 전략 시, 임금채권 및 압류 등은 임차인보다 먼저 배당받는 경우가 있기에 인수되는 금액이 얼마인지 정확히 파악 후 입찰에 참여해야 한다.

■ 말소기준권리보다 전입일자가 빠르고(대항력 O)+확정일자가 늦은 경우

임차인 현황 말소기준권리일 2015-02-27 소액임차기준일 2015-02-27 배당요구종기일 2021-07-08

임차인/대항력		점유부분	전입/확정/배당	보증금/월세	예상배당액 예상인수액	비고
박	있음	1002호 전부 / 주거 (점유: 2011.09.15. ~)	전입 : 2011-08-09 확정 : 2020-12-02 배당 : 2021-06-17	보증 : 170,000,000	배당액 : 0 미배당 : 170,000,000 인수액 : 170,000,000	

출처: 두인경매

등기부 현황(집합) 채권액 합계 2,701,288,821 열람일자 2022.06.08   집합등기   유의사항

접수번호	등기목적	권리자	채권금액	기타등기사항	소멸여부
2001.12.29 (76283)	소유권이전	박		전소유자:현 건설(주) 매매 (1999.03.29)	
2015.02.27 (17544)	근저당권	중소기업은행	500,000,000	**말소기준권리**	소멸
2020.12.28 (163842)	가압류	신용보증기금	1,488,880,000	지원 2020카단3	소멸
2021.01.12 (3383)	가압류	국민은행	23,551,581	지원 2021카단	소멸
2021.02.24 (23122)	가압류	중소기업은행	364,857,240	지원 2021카단1	소멸
2021.02.25 (23888)	가압류	중소기업은행	324,000,000	지원 2021카단8	소멸
2021.04.27 (46596)	임의경매	중소기업은행	청구금액 500,000,000	2021타경3	소멸

출처: 두인경매

【전입은 빠르지만 확정일자가 늦은 경우】

2011. 8. 9. **임차인 전입**
(보증금 1억 7,000만 원)

2015. 2. 27.
5억 원 근저당 설정

2020. 12. 2.
임차인 확정일자

임차인 박 모 씨의 전입일자는 2011년 8월 9일로 말소기준권리인 근저당권 설정일 2015년 2월 27일보다 빠르기에 대항력은 존재하나, 확정일자는 2020년 12월 2일로 말소기준권리보다 늦어 배당신청을 했더라도 우선변제 받을 수 없고, 말소기준권리(중소기업은행 근저당권 5억 원) 다음으로 배당받는다. 따라서 임차인 박 모 씨는 낙찰가에 따라 1원도 배당받지 못하는 상황이 발생할 수 있다. 다만 우선변제권이 없어 배당순위에서 밀릴 뿐, 대항력은 있기에 배당받지 못한 보증금은 낙찰자가 인수해야 한다. 따라서 이 물건은 함부로 입찰해선 안 된다. 입찰을 원한다면 인수하는 금액이 정확히 얼마인지 파악한 후, 인수금액을 뺀 금액으로 입찰해야 한다.

고가입찰 전략을 쓰고자 한다면 중소기업은행이 먼저 배당받아가는 5억원과 임차인 보증금 1억 7,000만 원을 합한 6억 7,000만 원(경매비용 제외) 이상을 써야 하는데 현실적으로 합당치 않다. 이런 물건들은 여러 유찰 후, 낮은 가격으로 낙찰받아 임차인의 보증금 전액을 인수하는 방법을 고려해야 한다.

■ 말소기준권리보다 전입일자가 느리고(대항력 X)+확정일자가 빠른 경우

임차인 현황   말소기준권리일 2019-03-21 소액임차기준일 2019-03-21 배당요구종기일 2021-12-07

임차인/대항력	점유부분	전입/확정/배당	보증금/월세	예상배당액 예상인수액	비고
한국토지주택공사	없음	전입 : 2020-01-20 확정 : 2019-02-25 배당 : 2021-11-05	보증 : 55,000,000	배당액 : 0 미배당 : 55,000,000 인수액 : 없음	임차권등기자

출처: 두인경매

등기부 현황(집합)　**채권액 합계 211,000,000 열람일자 2022.08.25**

접수번호	등기목적	권리자	채권금액	기타등기사항	소멸여부
2019.03.21 (12875)	소유권이전	신		전소유자:박　매매(2019. 03.21)	
2019.03.21 (12878)	근저당권	신　금고	156,000,000	**말소기준권리**	소멸
2021.07.15 (36959)	임차권	한국토지주택공사	55,000,000	전입:2020.01.20 확정:2019. 02.25	소멸
2021.09.23 (48787)	임의경매	신경주새마을금고	청구금액 62,308,769	2021타경3	소멸

출처: 두인경매

【전입일자가 느리고 확정일자가 빠른경우】

2019. 2. 25.
임차인 확정일자

2019. 3. 21.
1억 5,600만 원 근저당 설정

2020. 1. 20. 임차인 전입
(보증금 5,500만)

　임차인 한국토지주택공사의 전입일자는 2020년 1월 20일로 말소기준권리인 근저당권 설정일 2019년 3월 21일보다 늦어 대항력은 없고, 확정일자는 2019년 2월 25일로 말소기준권리보다 빠르다. 이 같은 경우 전입일자 익일 기준으로 배당순위가 결정되며, 대항력이 존재하지 않아 배당받지 못한 보증금이 있더라도 낙찰자가 인수하는 보증금은 없다. 따라서 입찰자 입장에서 인수사항이 없는 안전한 물건이다.

■ 말소기준권리보다 전입일자가 느리고(대항력 X)+확정일자가 느린 경우

임차인 현황 말소기준권리일 2015-12-23 소액임차기준일 2015-12-23 배당요구종기일 2022-06-08   점유관계조사

임차인/대항력		점유부분	전입/확정/배당	보증금/월세	예상배당액 예상인수액	비고
최	없음	전부 / 주거 (점유: 2015. 12.23.)	전입 : 2015-12-23 확정 : 2015-12-24 배당 : 2022-04-13	보증 : 70,000,000	배당액 : 58,360,000 미배당 : 11,640,000 인수액 : 없음	

출처: 두인경매

등기부 현황(건물) 채권액 합계 987,957,628 열람일자 2023.01.06

접수번호	등기목적	권리자	채권금액	기타등기사항	소멸여부
2015.12.23 (24624)	소유권이전	남		전소유자:최 매매(2015. 11.25)	
2015.12.23 (24625)	근저당권	오아 대부	819,000,000	**말소기준권리** 대구대서신협의 근저이전	소멸
2019.06.20 (12133)	가압류	농협중앙회	79,200,000	지원 2019카	소멸
2019.06.26 (12458)	가압류	당진수협	8,896,438		소멸
2019.07.16 (13691)	가압류	서	30,861,190	지원 2019카	소멸
2021.04.27 (7807)	근저당권	(주)나 즈외1	50,000,000		소멸
2022.03.07 (3260)	강제	대구대서신협	청구금액 1,187,045,537	2022타경1100	소멸

출처: 두인경매

【전입일자와 확정일자 느린 경우】

2015. 12. 23. **임차인 전입**
근저당 설정

2015. 12. 24.
임차인 확정일자

임차인 최 모 씨의 전입일자는 2015년 12월 23일로 말소기준권리인 근저당권 설정일 2015년 12월 23일과 동일하다. 임차인의 대항력 발생일은 다음 날 0시로 말소기준권리보다 늦어 대항력이 존재하지 않고, 확정일자도 느리다. 이러한 경우 배당순위는 확정일자를 기준으로 결정되며, 대항력이 존재하지 않아 배당받지 못한 보증금이 있더라도 낙찰자가 인수하는 보증금은 없다. 따라서 입찰자 입장에서 인수사항이 없는 안전한 물건이다.

핵심요약

- 대항력(주택점유+전입)을 갖춘 상태에서 확정일자까지 빠르다면, 우선변제권을 취득하여 후순위 채권자보다 우선하여 보증금을 배당받는다. 배당받지 못한 보증금이 있다면 낙찰자가 인수
- 대항력(주택점유+전입)을 갖춘 상태에서 확정일자가 느리거나 없다면, 배당요구를 하더라도 순위가 밀려 배당받지 못하는 사례가 발생한다. 배당받지 못한 보증금이 있다면 낙찰자가 인수
- 대항력(주택점유+전입)이 없는 상태라면 확정일자에 따라 배당받지 못한 보증금이 있더라도 낙찰자 인수 책임은 없음

④ 배당요구(배당신청)

경매에 있어 채권자는 채무를 변제받기 위해 매각대금으로부터 배당요구를 할 수 있다. 배당요구 종기일까지 배당요구를 해야 하며, 하지 않았다면 매각대금에서 배당받을 수 없고 후순위 채권자를 상대로 부당이득반환 청구를 할 수도 없다. 예를 들어 대항력(말소기준권리보다 전입일자 빠름)과 우선변제권(말소기준권리보다 확정일자 빠름)을 갖춘 임차인이 배당신청을 했다

면 후순위 채권자보다 우선하여 보증금을 배당받는다. 하지만 배당요구를 하지 않았다면 우선변제권이 있더라도 배당받을 수 없고, 매각대금은 후순위 채권자에게 배당되며, 후순위 채권자를 상대로 부당이득반환 청구를 할 수도 없다.

부동산 경매에서 임차인은 전략적으로 배당요구를 하지 않는 경우가 있어 전입일자, 확정일자, 배당요구까지 잘 파악하여 임차인 권리분석을 진행해야 한다. 다음에서 배당요구 분석사례를 살펴보자.

■ 전입일자 + 확정일자 + 배당신청

임차인 현황 말소기준권리일 2019-08-21 소액임차기준일 2019-08-21 배당요구종기일 2022-09-19

임차인/대항력		점유부분	전입/확정/배당	보증금/월세	예상배당액 예상인수액	비고
양	있음	전부 / 주거 (점유: 2019. 4.26.~2021. 04.25)	전입 : 2019-07-23 확정 : 2019-07-10 배당 : 2022-08-22	보증 : 310,000,000	배당액 : 305,480,000 미배당 : 4,520,000 인수액 : 4,520,000	경매신청채권자

출처: 두인경매

등기부 현황(집합) 채권액 합계 730,396,290 열람일자 2022.09.29

접수번호	등기목적	권리자	채권금액	기타등기사항	소멸여부
2019.07.23 (14010)	소유권이전	최	315,000,000	전소유자:김 외1 매매(20 19.06.09)	
2019.08.21 (16108)	근저당권	(주)향 품	250,000,000	말소기준권리	소멸
2019.11.27 (25408)	가압류	(주)브이 미칼	480,396,290	지원 2019카단2	소멸
2021.04.14 (8575)	압류	구리시			소멸
2022.06.29 (76770)	강제	양	청구금액 310,000,000	2022타경7	소멸

출처: 두인경매

임차인 양 모 씨의 전입일자 2019년 7월 23일, 확정일자 2019년 7월 10일

은 말소기준권리인 근저당권 설정일 2019년 8월 21일보다 빠르기에 대항력

과 우선변제권이 발생한다. 또한 배당요구 종기일(2022. 9. 19.) 내에 배당신

청(2022. 8. 22.)까지 완료했으니, 낙찰 시 매각대금으로부터 가장 먼저 배당

받고, 배당받지 못한 금액이 있다면 대항력으로 인해 낙찰자가 인수해야 한

다(경매진행 비용 및 당해세 등은 순위에서 제외).

■ 전입일자 + 확정일자 + 배당미신청

임차인 현황 말소기준권리일 2021-09-07 소액임차기준일 2021-09-07 배당요구종기일 2021-11-17

임차인/대항력		점유부분	전입/확정/배당	보증금/월세	예상배당액 예상인수액	비고
오	있음	전부(방2칸) / 주거 (점유: 2021.07.09. 부터2023.0 7.09.까지)	전입 : 2021-07-12 확정 : 2021-05-31 배당 : -	보증 : 200,000,000	배당액 : 0 미배당 : 200,000,000 인수액 : 200,000,000	

출처: 두인경매

등기부 현황(집합) 채권액 합계 0 열람일자 2022.06.30

접수번호	등기목적	권리자	채권금액	기타등기사항	소멸여부
2021.05.26 (110748)	소유권이전	장 외2		전소유자:장 상속(1997. 09.27)	
2021.09.07 (184890)	임의경매	장		말소기준권리 2021타경1	소멸

출처: 두인경매

【전입일자 + 확정일자 + 배당미신청】

2021. 5. 31.	2021. 7. 12.	2021. 9. 7.
임차인 확정일자	임차인 전입(보증금 2억)	임의경매개시결정

임차인 오 모 씨의 전입일자 2021년 7월 12일, 확정일자 2021년 5월 31일은 말소기준권리인 임의경매개시 설정일 2021년 9월 7일보다 빠르기에 대항력과 우선변제권이 발생한다. 하지만 배당신청을 하지 않아 매각되더라도 배당받을 수 없으며, 임차인의 보증금 전액을 낙찰자가 인수해야 한다. 따라서 이 물건은 함부로 입찰해선 안 되며, 입찰을 원한다면 인수하는 보증금 2억 원을 뺀 금액으로 낮게 입찰해야 한다.

■ **전입일자 + 확정일자 + 배당무효**

임차인 현황 말소기준권리일 2018-12-21 소액임차기준일 2018-12-21 **배당요구종기일 2019-10-30**

임차인/대항력		점유부분	전입/확정/배당	보증금/월세	예상배당액 예상인수액	비고
배	있음	1125호 전부 / 주거 (점유: 2018.06.25. 부터2020.06.25)	전입 : 2017-04-25 확정 : 2018-06-18 배당 : 2019-10-31(무효)	보증 : 212,000,000	배당액 : 0 미배당 : 212,000,000 인수액 : 212,000,000	

출처: 두인경매

등기부 현황(집합) 채권액 합계 450,731,724 열람일자 2021.07.09

접수번호	등기목적	권리자	채권금액	기타등기사항	소멸여부
2013.07.18 (32538)	소유권이전	전		전소유자:한국자산신탁(주) 매매(2011.02.12)	
2018.12.21 (48439)	근저당권	전	50,000,000	말소기준권리	소멸
2019.03.14 (20973)	가압류	기술보증기금	300,000,000	지원 2019카단1	소멸
2019.04.15 (35269)	가압류	하나은행	100,731,724	지원 2019카단3	소멸
2019.08.20 (92719)	강제	기술보증기금	청구금액 1,238,942,258	2019타경5	소멸

출처: 두인경매

임차인 배 모 씨의 전입일자 2017년 4월 25일, 확정일자 2018년 6월 18일은 말소기준권리인 근저당권 설정일 2018년 12월 21일보다 빠르기에 대항력과 우선변제권이 발생한다. 또한 배당신청을 했으나 배당요구 종기일 이후 신청하여 무효가 되며, 배당신청을 하지 않은 것으로 간주된다. 배당신청을 하지 않았기에 매각되더라도 배당받을 수 없으며, 임차인의 보증금 전액을 낙찰자가 인수해야 한다. 따라서 이 물건은 함부로 입찰해선 안 되며, 입찰을 원한다면 인수하는 보증금을 뺀 금액으로 낮게 입찰해야 한다.

실제 배당요구 종기일이 지난 후 배당 신청한 물건들이 더러 있다. 입찰 자는 단순 배당신청 여부만 확인하고 입찰했다가 임차인 보증금이 100% 인수되는 결과에 잔금을 미납하는 낭패를 보게 된다. 우선변제권을 갖춘 임 차인이 존재한다면 배당요구를 제대로 했는지 꼼꼼히 살펴봐야 하는 까닭 이다.

🔍 핵심요약

- ✅ **대항력:** 주택을 점유한 상태에서 말소기준권리보다 전입일자가 빠르 다면 대항력 발생
- ✅ **우선변제권:** 대항력을 갖춘 상태에서 확정일자가 말소기준권리보다 빠르다면 후순위 채권자보다 먼저 배당받을 권리 취득 (확정일자에 따 라 배당순위 결정)
- ✅ **배당요구:** 배당요구 종기일까지 배당요구했다면, 매각대금으로부터 배당받을 수 있음

전입일자, 확정일자, 배당요구 3가지 정보로 임차인 권리분석을 진행 하며, 각각의 정보에 따라 낙찰자가 인수해야 하는 상황이 발생할 수 있다. 위 정보는 경매정보업체 및 매각물건명세서를 통해 확인할 수 있다.

임차인 권리분석과 함께 알아야 할 내용

　우리는 앞서 전입일자, 확정일자, 배당요구 3가지 정보로 임차인 권리분석 방법을 배웠다. 대항력을 갖춘 상태에서 확정일자가 빠르면 우선변제권을 취득한다는 것이 요지이다. 그렇다면 계약갱신으로 보증금이 증액되는 경우도 대항력과 우선변제권이 존재할까? 임차인 권리분석을 하다 보면 헷갈리는 부분이 많은데, 지금부터는 임차인 권리분석과 함께 알아야 할 것들에 대해 살펴보자.

① 증액된 보증금에 대한 대항력과 우선변제권 변동

　최초 전세 계약 시, 등기부등본에 근저당권 등 아무런 권리 설정이 되어 있지 않아 2억 원의 전세 계약을 맺었고, 2년 후 재계약 시점에 와서 임대인이 임차인에게 보증금 2,000만 원 증액을 요청, 재계약을 진행했다면 증액된 2,000만 원에 대한 우선변제 및 대항력을 주장할 수 있을까?

　등기부등본 내에 다른 권리들이 존재하지 않은 상태에서 '증액된 금액에 대한 확정일자'를 새로 받으면 기존 보증금은 기존 확정일자에 의해, 증액된 보증금은 새로 받은 확정일자에 의해 우선변제권이 발생한다. 다만 최초 계약 당시에 없었던 후순위 근저당이 새로 설정된 후, 보증금 증액 계약이 이루어졌다면 새로 받은 증액 부분의 확정일자는 근저당보다 후순위가 되므로 대항력과 우선변제권을 행사할 수 없다. 그러므로 보증금 증액 계약을 진행한다면 반드시 등기부등본을 확인해야 한다.

【증액된 보증금에 대한 대항력과 우선변제권】

2021. 7. 10. **임차인 전입**
(2억 원 전세 계약)

2022. 5. 10.
1억 원 근저당 설정

2023. 7. 10.
임차인 보증금 증액
(2,000만 원 증액 계약)

근저당(말소기준)보다 앞선 세입자의 보증금 2억 원은 대항력 주장이 가능하며, 배당에서 보증금이 전액 변제되지 않으면 잔액을 매수인이 인수한다. 다만 증액된 보증금 2,000만 원에 대해서는 배당받지 못하더라도 낙찰자에게 인수를 강요하지 못하며, 대항력을 주장할 수 없다. 세입자는 2억 원에 대해서만 대항력을 주장할 수 있으며, 낙찰자는 선순위 보증금 2억 원에 대해서만 상환 의무를 가진다.

② 소액임차인 최우선변제권

임차인 권리분석의 요점은 대항력을 갖춘 상태에서 확정일자가 빠르면 우선변제권을 취득한다는 것인데, 그 이론을 뒤집고 대항력이 없는 임차인이라도 다른 채권자보다 우선하여 변제받는 경우가 있다. 이것이 바로 소액임차인 최우선변제권이다. 소액임차인 최우선변제권이란, 주택임대차보호법에 의해 소액임차인이 거주하는 주택을 경·공매 시 보증금 중 일정액은 다른 담보물권자보다 우선하여 변제받는 권리이다. 낙찰(매각)된 가격의 1/2 범위 내에서 법이 정한 일정액을 가장 먼저 배당받는다. 사회적 약자를 위하는 법으로 대항력이 없더라도 성립요건만 갖췄다면 최우선순위로 변제받을 수 있으며, 최우선변제액은 임대차 계약일이 아닌 담보물건(근저당권, 담보가등기, 전세권 등) 설정일을 기준으로 한다.

예를 들어 2018년 10월 최초 근저당이 설정된 서울 주택에 2023년 5월 세입자 A가 보증금 1억 원에 임차했고, 이후 경매가 진행되었다면 세입자 A의 최우선변제금액은 얼마일까? 대부분이 세입자가 전입한 2023년 5월을 기준으로 5,500만 원을 예상하지만, 이는 틀렸다. 세입자 A가 받을 수 있는 최우선변제금액은 최초 근저당 설정일인 2018년 10월을 기준으로 3,700만 원이다. 또한 소액임차인이 다수라면 이들의 배당순위는 전입일자와 상관없이 전부 동순위로 취급되어 낙찰된 가격의 1/2 한도에서 보증금 비율로 안분하여 우선변제를 받는다.

- 2018년 1월 근저당 설정된 서울 주택 경매 1억 원 낙찰
- 2018년 1월 당시 서울 주택 최우선변제금액 3,400만 원(1억 원 이하)
- 임차인 A: 보증금 5,000만 원(최우선변제금 3,400만 원)
- 임차인 B: 보증금 2,600만 원(최우선변제금 2,600만 원)

이와 같은 상황에서 A의 최우선변제금액은 3,400만 원, B는 2,600만

원이다. 하지만 A와 B의 최우선변제금액 총합이 낙찰가격의 1/2을 초과 (5,000만 원)하기에 최우선변제금액을 모두 돌려받지 못한다. 이 경우에는 낙찰가의 1/2인 5,000만 원 한도에서 보증금의 비율로 안분해 최우선변제 금액을 배당받게 된다.

임차인 A 배당금: 2,833만 원

$$\frac{5,000만\ 원(낙찰가\ 1/2) \times 3,400만\ 원(최우선변제금액)}{6,000만\ 원(임차인\ A와\ B의\ 최우선변제금액\ 합)} = 2,833만\ 원$$

임차인 B 배당금: 2,167만 원

$$\frac{5,000만\ 원(낙찰가\ 1/2) \times 2,600만\ 원(최우선변제금액)}{6,000만\ 원(임차인\ A와\ B의\ 최우선변제금액\ 합)} = 2,167만\ 원$$

소액임차인은 매각대금에서 가장 먼저 배당받는 임차인일 뿐, 대항력이 없다면 배당받지 못하는 나머지 보증금을 인수하거나 책임지지 않기에 입찰이 까다롭거나 피해야 할 이유는 없다. 입찰자 입장에서 대항력 여부가 중요할 뿐, 소액임차인 여부는 입찰에 있어 중요하지 않다.

※ 최우선변제권 성립요건

- 보증금이 법이 정한 소액일 것
- 경매개시결정등기 전까지 대항요건(주택 인도 및 전입)을 갖추고, 배당요구 종기까지 유지할 것
- 배당요구 종기일까지 배당요구할 것(확정일자 필요 없음)

주택임대차보호법에 따른 소액임차인 범위 및 최우선변제금액

기준시점	지역	임차인 보증금 범위	최우선변제 금액 범위
1990. 2. 19.~	서울특별시, 직할시	2,000만 원 이하	700만 원
	기타 지역	1,500만 원 이하	500만 원
1995. 10. 19.~	특별시 및 광역시(군지역 제외)	3,000만 원 이하	1,200만 원
	기타 지역	2,000만 원 이하	800만 원
2001. 9. 15.~	수도권 중 과밀억제권역	4,000만 원 이하	1,600만 원
	광역시(군지역 및 인천광역시 지역 제외)	3,500만 원 이하	1,400만 원
	그 밖의 지역	3,000만 원 이하	1,200만 원
2008. 8. 21.~	수도권 중 과밀억제권역	6,000만 원 이하	2,000만 원
	광역시(군지역 및 인천광역시 지역 제외)	5,000만 원 이하	1,700만 원
	그 밖의 지역	4,000만 원 이하	1,400만 원
2010. 7. 26.~	서울특별시	7,500만 원 이하	2,500만 원
	수도권 중 과밀억제권역 (서울 제외)	6,500만 원 이하	2,200만 원
	광역시(과밀억제권역에 포함된 지역과 군지역 제외), 안산시, 용인시, 김포시 및 광주시	5,500만 원 이하	1,900만 원
	그 밖의 지역	4,000만 원 이하	1,400만 원
2014. 1. 1.~	서울특별시	9,500만 원 이하	3,200만 원
	수도권 중 과밀억제권역 (서울 제외)	8,000만 원 이하	2,700만 원
	광역시(과밀억제권역에 포함된 지역과 군지역 제외), 안산시, 용인시, 김포시 및 광주시	6,000만 원 이하	2,000만 원
	그 밖의 지역	4,500만 원 이하	1,500만 원

2016. 3. 31.~	서울특별시	1억 원 이하	3,400만 원
	과밀억제권역 (서울특별시 제외)	8,000만 원 이하	2,700만 원
	광역시(과밀억제권역에 포함된 지역과 군지역 제외), 세종특별자치시, 안산시, 용인시, 김포시 및 광주시	6,000만 원 이하	2,000만 원
	그 밖의 지역	5,000만 원 이하	1,700만 원
2018. 9. 18.~	서울특별시	1억 1,000만 원 이하	3,700만 원
	과밀억제권역(서울특별시 제외), 용인시, 세종특별자치시, 화성시	1억 원 이하	3,400만 원
	광역시(과밀억제권역에 포함된 지역과 군지역 제외), 안산시, 김포시, 광주시 및 파주시	6,000만 원 이하	2,000만 원
	그 밖의 지역	5,000만 원 이하	1,700만 원
2021. 5. 11.~	서울특별시	1억 5,000만 원 이하	5,000만 원
	과밀억제권역(서울특별시 제외), 세종특별자치시, 용인시, 화성시 및 김포시	1억 3,000만 원 이하	4,300만 원
	광역시(과밀억제권역에 포함된 지역과 군지역 제외), 안산시, 광주시, 파주시, 이천시 및 평택시	7,000만 원 이하	2,300만 원
	그 밖의 지역	6,000만 원 이하	2,000만 원
2023. 2. 21.~	서울특별시	1억 6,500만 원 이하	5,500만 원
	과밀억제권역(서울특별시 제외), 세종특별자치시, 용인시, 화성시 및 김포시	1억 4,500만 원 이하	4,800만 원
	광역시(과밀억제권역에 포함된 지역과 군지역 제외), 안산시, 광주시, 파주시, 이천시 및 평택시	8,500만 원 이하	2,800만 원
	그 밖의 지역	7,500만 원 이하	2,500만 원

상가건물임대차보호법에 따른 소액임차인 범위 및 최우선변제금액

기준시점	지역	환산보증금	임차인 보증금 범위	최우선변제 금액 범위
2002. 11. 1.~	서울특별시	2억 4,000만 원 이하	4,500만 원 이하	1,350만 원
	수도권 중 과밀억제권역 (서울특별시 제외)	1억 9,000만 원 이하	3,900만 원 이하	1,170만 원
	광역시 (군지역 및 인천 광역시 지역 제외)	1억 5,000만 원 이하	3,000만 원 이하	900만 원
	그 밖의 지역	1억 4,000만 원 이하	2,500만 원 이하	750만 원
2008. 8. 21.~	서울특별시	2억 6,000만 원 이하	4,500만 원 이하	1,350만 원
	수도권 중 과밀억제권역 (서울특별시 제외)	2억 1,000만 원 이하	3,900만 원 이하	1,170만 원
	광역시 (군지역 및 인천 광역시 지역 제외)	1억 6,000만 원 이하	3,000만 원 이하	900만 원
	그 밖의 지역	1억 5,000만 원 이하	2,500만 원 이하	750만 원
2010. 7. 26.~	서울특별시	3억 원 이하	5,000만 원 이하	1,500만 원
	수도권 중 과밀억제권역 (서울특별시 제외)	2억 5,000만 원 이하	4,500만 원 이하	1,350만 원
	광역시(과밀억제 권역에 포함된 지역과 군지역은 제외), 안산시, 용인시, 김포시, 광주시	1억 8,000만 원 이하	3,000만 원 이하	900만 원
	그 밖의 지역	1억 5,000만 원 이하	2,500만 원 이하	750만 원
2014. 1. 1.~	서울특별시	4억 원 이하	6,500만 원 이하	2,200만 원
	수도권 중 과밀억제권역	3억 원 이하	5,500만 원 이하	1,900만 원
	(서울특별시 제외)			

	광역시(과밀억제권역에 포함된 지역과 군지역은 제외), 안산시, 용인시, 김포시, 광주시	2억 4,000만 원 이하	3,800만 원 이하	1,300만 원
	그 밖의 지역	1억 8,000만 원 이하	3,000만 원 이하	1,000만 원
2018. 1. 26.~	서울특별시	6억 1,000만 원 이하	6,500만 원 이하	2,200만 원
	과밀억제권역 (서울특별시 제외)	5억 원 이하	5,500만 원 이하	1,900만 원
	부산광역시 (기장군 제외)	5억 원 이하	3,800만 원 이하	1,300만 원
	부산광역시(기장군)	5억 원 이하	3,000만 원 이하	1,000만 원
	광역시(과밀억제권역에 포함된 지역과 군지역은 제외), 안산시, 용인시, 김포시, 광주시	3억 9,000만 원 이하	3,800만 원 이하	1,300만 원
	세종특별자치시, 파주시, 화성시	3억 9,000만 원 이하	3,000만 원 이하	1,000만 원
	그 밖의 지역	2억 7,000만 원 이하	3,000만 원 이하	1,000만 원
2019. 4. 2.~	서울특별시	9억 원 이하	6,500만 원 이하	2,200만 원
	과밀억제권역 (서울특별시 제외)	6억 9,000만 원 이하	5,500만 원 이하	1,900만 원
	부산광역시 (기장군 제외)	6억 9,000만 원 이하	3,800만 원 이하	1,300만 원
	부산광역시(기장군)	6억 9,000만 원 이하	3,000만 원 이하	1,000만 원
	광역시(과밀억제권역에 포함된 지역과 군지역은 제외), 안산시, 용인시, 김포시, 광주시	5억 4,000만 원 이하	3,800만 원 이하	1,300만 원
	세종특별자치시, 파주시, 화성시	5억 4,000만 원 이하	3,000만 원 이하	1,000만 원
	그 밖의 지역	3억 7,000만 원 이하	3,000만 원 이하	1,000만 원

출처: 법제처 생활법령정보

※ 과밀억제권역 안내

- 서울특별시

- 인천광역시(강화군, 옹진군, 서구 대곡동·불로동·마전동·금곡동·오류동·왕
  길동·당하동·원당동, 인천경제자유구역(경제자유구역에서 해제된 지역을 포함
  한다) 및 남동 국가산업단지는 각 제외)

- 경기도 중 의정부시, 구리시, 남양주시(호평동, 평내동, 금곡동, 일패동, 이패
  동, 삼패동, 가운동, 수석동, 지금동, 도농동만 해당), 하남시, 고양시, 수원시,
  성남시, 안양시, 부천시, 광명시, 과천시, 의왕시, 군포시, 시흥시[반월특
  수지역(반월특수지역에서 해제된 지역 포함) 제외]

※ 환산보증금 (환산보증금＝상가 임대보증금＋월 임대료×100)

- 보증금과 월차임을 합산한 금액으로 상가임대차보호법에 의해 환산보증
  금 이하에서 최우선변제를 받을 수 있다.

> **예** 보증금 5,000만 원에 월 임대료 50만 원으로 계약한 경우, 환산보증금
> 은 1억 원(5,000만 원+50만 원×100＝1억 원)이 된다.

다음에서 소액임차인 최우선변제권 분석사례를 살펴보자.

임차인 현황 말소기준권리일 2020-05-22 소액임차기준일 2020-05-22 배당요구종기일 2022-08-11 점유관계조사

임차인/대항력		점유부분	전입/확정/배당	보증금/월세	예상배당액 예상인수액	비고
김	없음	전부 / 주거 (점유: 2020. 6.30.~2022. 6.29.)	전입 : 2020-06-26 확정 : 2020-06-26 배당 : 2022-06-24	보증 : 25,000,000	배당액 : 25,000,000 미배당 : 0 인수액 : 없음	소액임차인

출처: 두인경매

등기부 현황(집합) 채권액 합계 158,375,077 열람일자 2023.04.05

접수번호	등기목적	권리자	채권금액	기타등기사항	소멸여부
2020.05.22 (238418)	소유권이전	임	88,000,000	전소유자:정 매매(2020. 04.29)	
2020.05.22 (238419)	근저당권	농협은행	71,400,000	말소기준권리	소멸
2021.12.09 (495789)	가압류	롯데카드	11,553,298	지원 2021카단	소멸
2022.01.06 (3853)	가압류	케이비국민카드	25,074,969	지원 2022카단	소멸
2022.02.08 (37710)	가압류	서민금융진흥원	10,390,502	지원 2022카단	소멸
2022.03.29 (98852)	가압류	인천신용보증재단	39,956,308	지원 2022카단	소멸
2022.05.19 (171488)	임의경매	농협은행		사업자등록번호) (2022타경	소멸

출처: 두인경매

임차인 김 모 씨의 전입일자와 확정일자는 2020년 6월 26일로 말소기준 권리인 근저당권 설정일 2020년 5월 22일보다 늦다. 이 경우 배당순위는 말소기준권리인 근저당권자가 먼저 배당받는 것이 맞으나, 현 임차인은 소액임차인으로 최우선변제권에 의해 보증금을 우선 배당받는다. 최우선변제액은 임대차 계약일이 아닌 담보물건(근저당권, 담보가등기, 전세권 등) 설정일을 기준으로 한다. 2020년 5월 근저당권 당시, 과밀억제권역은 3,400만 원까지 우선 배당받는다. 매각대금에서 가장 먼저 배당받는 임차인일 뿐, 대항력이 없다면 배당받지 못하는 나머지 보증금이 있더라도 인수하거나 책임지지 않기에 입찰을 피할 이유가 없다. 입찰자 입장에서 인수사항이 없는 안전한 물건이다.

③ 임차권등기명령

경매 물건을 보면 임차권등기가 설정된 주택들을 종종 보게 된다. 임차권 등기는 임차인을 보호하고 대항력을 유지하기 위한 제도인데 임대차 계약이 종료되었음에도 임대인이 임차인의 보증금을 돌려주지 않는다면, 임차인은 임대인의 동의 없이도 임차권등기를 신청할 수 있다. 임차권등기 신청 시 해당 주택 또는 건물의 등기부등본에 표시(설정)되며, 기존 임차인이 이사하거나 다른 곳에 전입하더라도 대항력 및 우선변제권이 상실되지 않고 유지된다.

임차권등기 신청 요건은 '임대차가 끝난 이후'거나 '보증금이 반환되지 않은 경우'인데, 임차인은 임차 주택의 소재지를 관할하는 지방법원·지방법원지원 또는 시·군 법원에 임차권등기를 신청할 수 있다(「상가건물 임대차보호법」 제6조제1항). 임대차 보증금이 반환되지 않은 경우란, 임대차 보증금 전액을 돌려받지 못한 경우는 물론 일부를 돌려받지 못한 경우까지 포함한다(「임차권등기명령 절차에 관한 규칙」 제2조제1항제5호).

경매 물건에 임차권등기가 설정됐다고 해서 분석 방법이 달라지진 않는다. 입찰자 입장에서 전입일자, 확정일자, 배당여부를 확인하여 권리분석을 하면 된다. 그리고 임차권등기를 한 임차인은 배당요구를 따로 하지 않아도 배당요구를 한 것으로 본다. 경매개시결정등기 이전에 임차권등기가 먼저 설정되었다면 따로 배당요구를 신청하지 않아도 배당요구한 것으로 보며, 경매개시결정등기 이후 임차권등기를 설정하였다면 자동으로 배당되지 않고 별도로 배당요구를 해야 한다. 임차권등기가 설정된 주택은 임차인이 이사하여 비어있을 확률이 높아 명도 협상이 수월할 수 있다.

임차인 현황　말소기준권리일 2021-03-10　소액임차기준일 2021-03-10　배당요구종기일 2021-05-25

임차인/대항력		점유부분	전입/확정/배당	보증금/월세	예상배당액 예상인수액	비고
안	있음		전입 : 2014-05-27 확정 : 2014-05-27 배당 : 2021-03-25	보증 : 240,000,000	배당액 : 240,000,000 미배당 : 0 인수액 : 없음	임차권등기자

등기부 현황(집합)　채권액 합계 240,000,000　열람일자 2023.02.22

접수번호	등기목적	권리자	채권금액	기타등기사항	소멸여부
2015.05.26 (42169)	소유권이전	김		전소유자:양　증여(2015. 05.22)	
2018.07.02 (105223)	임차권	안.	240,000,000	전입:2014.05.27 확정:2014. 05.27	
2021.03.10 (42009)	강제	중소벤처기업진흥공단	청구금액 90,000,000	**말소기준권리** 2021타경51116	소멸

출처: 두인경매

　임차인 안 모 씨의 전입일자와 확정일자는 2014년 5월 27일로 말소기준권리인 경매개시결정등기 설정일 2021년 3월 10일보다 빠르기에 대항력과 우선변제권이 발생한다. 또한 2018년 7월 2일에 임차권등기도 설정되어 있다. 임차권등기가 설정됐다고 해서 분석이 달라지진 않는다. 대항력을 갖춘 임차인으로 보증금 2억 4,000만 원 전액을 배당받지 못한다면 낙찰자가 남은 보증금을 인수해야 한다.

임차인 권리분석과 함께 숙지할 내용

ⓐ 증액된 보증금에 대한 권리분석

✅ 등기부등본 내에 다른 권리들이 존재하지 않은 상태에서 증액된 금액에 대한 확정일자를 새로 받으면 기존 보증금은 기존 확정일자에 의해, 증액된 보증금은 새로 받은 확정일자에 의해 우선변제권이 발생

✅ 최초 계약 당시에 없었던 후순위 근저당이 새로 설정된 후, 보증금 증액 계약이 이뤄졌다면 새로 받은 증액 부분의 확정일자는 근저당보다 후순위가 되므로 대항력과 우선변제권을 행사할 수 없음 (보증금 증액 계약 전, 등기부등본 확인 필수)

ⓑ 소액임차인 최우선변제권

주택임대차보호법으로 소액임차인이 거주하는 주택을 경·공매 시, 보증금 중 일정액은 다른 담보물권자보다 우선하여 변제받는 권리

※ 성립요건

✅ 보증금이 법이 정한 소액일 것

✅ 경매개시결정등기 전까지 대항요건(주택 인도 및 전입)을 갖추고, 배당요구 종기까지 유지할 것

✅ 배당요구 종기일까지 배당요구할 것(확정일자 필요 없음)

ⓒ 임차권등기명령

'임대차가 끝난 이후'거나 '보증금이 반환되지 않는 경우' 임차인은 임차 주택의 소재지를 관할하는 지방법원·지방법원지원 또는 시·군 법원에 임차권등기를 신청할 수 있다. 기존 임차인이 이사하거나 다른 곳에 전입하더라도 대항력 및 우선변제권이 상실하지 않고 유지

우리는 지금까지 등기부등본과 유료 경매정보업체가 제공하는 정보들로 권리분석을 공부했다. 이러한 권리분석을 더 쉽고 더 빠르게 해결할 수 있도록 법원에서는 매각 물건의 정보를 한곳에 모아 문서화한 것이 있다. 이것이 바로 매각물건명세서다. 물건을 입찰하고자하는 사람들은 입찰 전, 매각물건명세서를 확인하고 최종입찰 여부를 판단한다. 매각물건명세서에 대해 면밀하게 알아보자.

Chapter 3

매각물건명세서
익히기

매각물건명세서

매각물건명세서는 법원에서 매각하는 물건의 정보를 한눈에 볼 수 있도록 그 명세를 기록한 문서다. 매각물건명세서에는 사건번호, 최선순위설정일, 배당요구 종기일, 점유자명, 점유 구분, 점유의 권원, 보증금, 차임, 전입신고일자, 사업자등록신청일자, 확정일자, 배당요구일자, 등기된 부동산에 관한 권리 또는 가처분으로 매각으로 그 효력이 소멸되지 아니하는 것, 매각에 따라 설정된 것으로 보는 지상권의 개요, 비고란 등이 기재된 공적 서류로써 법원은 매각기일의 1주일 전부터 법원에 비치하여 누구든지 볼 수 있도록 하고 있다. 매각물건명세서만으로도 권리분석이 가능하며, 법원이 직접 작성한 문서이기에 신뢰도가 매우 높다. 매각물건명세서에 기재된 정보에 중대한 하자가 있을 때는 이를 근거로 매각 불허가 또는 매각 취소 신청을 할 수 있다.

① 매각물건명세서 보는 법

(1) 매각물건명세서는 대한민국법원 법원경매정보에서 경매 사건 검색을 통해 물건기본정보에서 확인할 수 있다. (http://www.courtauction.go.kr → 경매사건 검색 → 물건기본정보 → 매각물건명세서)

물건상세검색

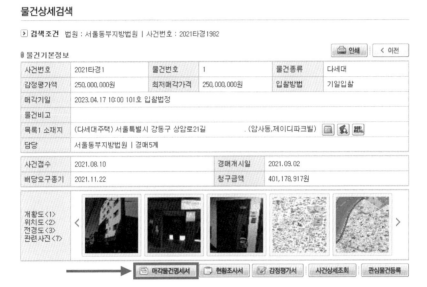

> 검색조건 법원 : 서울동부지방법원 | 사건번호 : 2021타경1982

● 물건기본정보

사건번호	2021타경1	물건번호	1	물건종류	다세대
감정평가액	250,000,000원	최저매각가격	250,000,000원	입찰방법	기일입찰
매각기일	2023.04.17 10:00 101호 입찰법정				
물건비고					
목록1 소재지	(다세대주택) 서울특별시 강동구 상암로21길 　　　.(암사동,제이디파크빌)				
담당	서울동부지방법원	경매5계				

사건접수	2021.08.10	경매개시일	2021.09.02
배당요구종기	2021.11.22	청구금액	401,178,917원

개황도<1> 위치도<2> 전경도<3> 관련사진<7>				

매각물건명세서　현황조사서　감정평가서　사건상세조회　관심물건등록

출처: 대한민국법원 법원경매정보

(2) 유료경매 사이트 관련자료보기를 통해 매각물건명세서를 확인할 수 있다.

(두인경매 → 경매사건 검색 → 우측 관련자료보기 → 매각물건명세서)

출처: 두인경매

서 울 동 부 지 방 법 원

2022타경191

매각물건명세서

사 건	2022타경191 부동산임의경매	매각 물건번호	2	작성 일자	2023.05.18	담임법관 (사법보좌관)	박	
부동산 및 감정평가액 최저매각가격의 표시	별지기재와 같음	최선순위 설정		2021.01.26. 근저당권		배당요구종기	2022.05.03	

부동산의 점유자와 점유의 권원, 점유할 수 있는 기간, 차임 또는 보증금에 관한 관계인의 진술 및 임차인이 있는 경우 배당요구 여부와 그 일자, 전입신고일자 또는 사업자등록신청일자와 확정일자의 유무와 그 일자

점유자 성 명	점유 부분	정보출처 구 분	점유의 권 원	임대차기간 (점유기간)	보 증 금	차 임	전입신고 일자, 사업자등록 신청일자	확정일자	배당 요구여부 (배당요구일자)
김	202호.	현황조사	주거 임차인	미상	미상	미상	2020.09.14	미상	
	202호.	권리신고	주거 임차인	2020.09.14. 부터 2022.09.13.	189,000,000		2020.09.14.	2020.08.19.	2022.03.18

〈비고〉

김   :대항력 있는 임차인(배당에서 보증금이 전액 변제되지 않으면 잔액을 매수인이 인수)

※ 최선순위 설정일자보다 대항요건을 먼저 갖춘 주택·상가건물 임차인의 임차보증금은 매수인에게 인수되는 경우가 발생 할 수 있고, 대항력과 우선변제권이 있는 주택·상가건물 임차인이 배당요구를 하였으나 보증금 전액에 관하여 배당을 받지 아니한 경우에는 배당받지 못한 잔액이 매수인에게 인수되게 됨을 주의하시기 바랍니다.

등기된 부동산에 관한 권리 또는 가처분으로 매각으로 그 효력이 소멸되지 아니하는 것
매각에 따라 설정된 것으로 보는 지상권의 개요
비고란

출처: 대한민국법원 법원경매정보 매각물건명세서

② 매각물건명세서의 중요한 정보들

(1) 최선순위설정: 최선순위로 설정된 권리를 말하며 우리가 앞에서 배운 말소기준권리를 의미한다. 등기부등본으로 찾은 말소기준권리와 일치하는지 확인할 수 있다.

(2) 전입신고일자, 사업자등록신청일자: 임차인이 있다면 임차인의 전입신고 일자를 파악하여 기재한다. 상가의 대항력 여부는 사업자등록신청일자로 따지며, 최선순위설정일(말소기준권리)보다 빠르게 전입되었거나 사업자등록신청이 되었다면 대항력이 존재한다.

(3) 확정일자: 임차인이 있다면 확정일자를 파악하여 기재한다. 확정일자 확

인이 어렵거나 없다면, 미상이나 공란으로 표기된다.

(4) 배당요구여부(배당요구일자): 임차인이 배당신청을 했다면 배당요구 일자를 파악하여 기재한다. 배당신청을 하지 않았다면 공란으로 표기된다.

(5) 등기된 부동산에 관한 권리 또는 가처분으로 매각으로 그 효력이 소멸되지 아니하는 것: 경매로 매각되더라도 소멸하지 않고 인수되는 권리들이 있다면 파악하여 기재한다(가처분, 가등기, 전세권, 임차권등기 등).

(6) 매각에 따라 설정된 것으로 보는 지상권의 개요: 지상권이 성립되거나 성립 여지가 있다면 파악하여 기재한다.

(7) 비고란: 유치권, 위반건축물 등 입찰에 참고해야 할 사항이나 권리들을 기재한다.

핵심요약

✔ **매각물건명세서:** 법원에서 매각하는 물건의 정보를 한눈에 볼 수 있도록 그 명세를 기록한 문서. 최선순위설정일, 전입신고일자, 확정일자, 배당요구여부(배당요구일자), 소멸되지 않는 권리, 인수되는 권리 등이 기재된 공적 서류로 법원은 매각기일의 1주일 전부터 법원에 비치하여 누구든지 볼 수 있도록 하고 있다.

매각물건명세서 분석

매각물건명세서에는 최선순위설정일(말소기준권리), 임차인의 정보(전입일자, 확정일자, 배당신청일자), 매각으로 소멸하지 않고 인수되는 권리, 지상권 등의 정보들이 기재되어 명세서 한 장으로 권리분석이 가능하다. 사례별 매각물건명세서를 살펴보자.

① 임차인이 없는 매각물건명세서

매각물건명세서

사 건	2019타경17522 부동산임의경매		매각 물건번호	1	작성 일자	2020.07.21	담임법관 (사법보좌관)	이	(인)
부동산 및 감정평가액 최저매각가격의 표시	별지기재와 같음		최선순위 설정		2002.9.17. 근저당권		배당요구종기	2020.03.19	

부동산의 점유자와 점유의 권원, 점유할 수 있는 기간, 차임 또는 보증금에 관한 관계인의 진술 및 임차인이 있는 경우 배당요구 여부와 그 일자, 전입신고일자 또는 사업자등록신청일자와 확정일자의 유무와 그 일자

점유자의 성 명	점유부분	정보출처 구 분	점유의 권 원	임대차기간 (점유기간)	보 증 금	차 임	전입신고일자,사업 자등록 신청일자	확정일자	배당요구여부 (배당요구일자)
				조사된 임차내역없음					

※ 최선순위 설정일자보다 대항요건을 먼저 갖춘 주택·상가건물 임차인의 임차보증금은 매수인에게 인수되는 경우가 발생 할 수 있고, 대항력과 우선변제권이 있는 주택·상가건물 임차인이 배당요구를 하였으나 보증금 전액에 관하여 배당을 받지 아니한 경우에는 배당받지 못한 잔액이 매수인에게 인수되게 됨을 주의하시기 바랍니다.

등기된 부동산에 관한 권리 또는 가처분으로 매각으로 그 효력이 소멸되지 아니하는 것

매각에 따라 설정된 것으로 보는 지상권의 개요

비고란

상단에 최선순위설정 일자와 배당요구종기일이 표시되어 있다. 임차인이 존재한다면 임차인에 대한 정보와 전입일자, 확정일자, 배당요구여부 등이 기재된다. 하단은 매각으로 소멸하지 않고 인수되는 권리나 입찰에 주의 사항 등을 기재하는데 공란이나 '해당사항없음'으로 표기되어 있다면, 아무런 하자가 없는 물건으로 이해하면 된다. 새로운 정보나 권리들이 접수된다면 매각물건명세서가 달라질 수 있으니, 입찰 시 재확인하는 습관이 필요하다.

이 매각물건명세서의 경우 조사된 임차내역이 없어 채무자가 점유하거나 비어있는 집이다. 임차인이 없으니 권리분석이 필요 없으며, 하단의 인수되는 권리 또한 깨끗하여 입찰하기 좋은 물건이다. 또한 이런 물건들은 시세 조사와 미납 관리비, 임장을 통한 외관 상태 등의 정보만 필요하기에 입찰

이 쉽다. 대출로 집을 매수하여 소유자가 거주하던 중, 대출 연체 등의 사유로 경매에 나오는 것이 일반적이라 이런 유형의 물건들은 상당히 많다. 처음 경매를 시작하는 사람들은 이러한 물건을 찾아 입찰하도록 하자. 쉬운 물건으로도 충분히 수익이 가능하다.

② 대항력 없는 임차인의 매각물건명세서

매각물건명세서

사 건	2020타경4900 부동산강제경매		매각물건번호	1	작성일자	2023.03.16	담임법관 (사법보좌관)	김	
부동산 및 감정평가액 최저매각가격의 표시	별지기재와 같음		최선순위 설정	2020.04.09. 근저당권			배당요구종기	2021.03.18	

부동산의 점유자와 점유의 권원, 점유할 수 있는 기간, 차임 또는 보증금에 관한 관계인의 진술 및 임차인이 있는 경우 배당요구 여부와 그 일자, 전입신고일자 또는 사업자등록신청일자와 확정일자의 유무와 그 일자

점유자 성 명	점유 부분	정보출처 구 분	점유의 권 원	임대차기간 (점유기간)	보증금	차 임	전입신고일자, 사업자등록신청일자	확정일자	배당 요구여부 (배당요구일자)
우	904호 중 일부	현황조사	주거 임차인	미상	미상	미상	2020.08.12	미상	

〈비고〉

※ 최선순위 설정일자보다 대항요건을 먼저 갖춘 주택·상가건물 임차인의 임차보증금은 매수인에게 인수되는 경우가 발생 할 수 있고, 대항력과 우선변제권이 있는 주택·상가건물 임차인이 배당요구를 하였으나 보증금 전액에 관하여 배당을 받지 아니한 경우에는 배당받지 못한 잔액이 매수인에게 인수되게 됨을 주의하시기 바랍니다.

등기된 부동산에 관한 권리 또는 가처분으로 매각으로 그 효력이 소멸되지 아니하는 것
해당사항없음
매각에 따라 설정된 것으로 보는 지상권의 개요
해당사항없음
비고란

출처: 대한민국법원 법원경매정보 매각물건명세서

이 매각물건명세서의 경우 임차인 우 모 씨가 살고 있으며, 전입일자가 최선순위설정(말소기준권리)일자보다 느려 대항력이 없고, 확정일자도 미상이며, 배당요구를 하지 않아(공란) 물건이 매각되더라도 매각대금에서 배당받을 수 없다. 대항력 없는 임차인으로 보증금에 관하여 배당받지 못한 금액이 있더라도 낙찰자가 인수하는 금액은 없다. 하단의 인수되는 사항이나

설정된 지상권도 없어 입찰에 아무런 문제 되지 않는 쉬운 물건이다. 처음 경매를 시작하는 분들은 이런 대항력 없는 물건을 찾아 입찰하도록 하자. 쉬운 물건으로도 충분히 수익을 볼 수 있다.

③ 대항력 갖춘 임차인의 매각물건명세서

매각물건명세서

사 건	2021타경4819 부동산강제경매		매각 물건번호	1	작성 일자	2023.03.14	담임법관 (사법보좌관)		김	
부동산 및 감정평가액 최저매각가격의 표시	별지기재와 같음		최선순위 설정		2020.03.11.압류		배당요구종기		2022.03.10	

부동산의 점유자와 점유의 권원, 점유할 수 있는 기간, 차임 또는 보증금에 관한 관계인의 진술 및 임차인이 있는 경우 배당요구 여부와 그 일자, 전입신고일자 또는 사업자등록신청일자와 확정일자의 유무와 그 일자

점유자 성 명	점유 부분	정보출처 구 분	점유의 권 원	임대차기간 (점유기간)	보 증 금	차 임	전입신고 일자, 사업자등록 신청일자	확정일자	배당 요구여부 (배당요구일자)
양	지하층 비02호	현황조사	미상 임차인	미상	미상	미상	2018.08.21	미상	
	전부(방 3칸)	권리신고	주거 임차인	2018.08.17.부 터 2022.01.현재 까지	105,000,000		2018.08.21.	2018.08.16.	2022.01.13

〈비고〉

양준호:경매신청채권자임

※ 최선순위 설정일자보다 대항요건을 먼저 갖춘 주택·상가건물 임차인의 임차보증금은 매수인에게 인수되는 경우가 발생 할 수 있고, 대항력과 우선변제권이 있는 주택·상가건물 임차인이 배당요구를 하였으나 보증금 전액에 관하여 배당을 받지 아니한 경우에는 배당받지 못한 잔액이 매수인에게 인수되게 됨을 주의하시기 바랍니다.

등기된 부동산에 관한 권리 또는 가처분으로 매각으로 그 효력이 소멸되지 아니하는 것

매각에 따라 설정된 것으로 보는 지상권의 개요

비고란

이 매각물건명세서의 경우 임차인 양 모 씨가 살고 있으며, 전입과 확정일자가 최선순위설정일보다 빠르고, 배당요구까지 했기에 배당순위에 따라 매각대금에서 우선하여 배당받는다. 보증금 전액(1억 500만 원)을 배당받지 못한다면, 배당받지 못한 잔액을 낙찰자가 인수하기에 입찰에 유의해야 한

다. 하단의 인수되는 권리나 설정된 지상권 등은 존재하지 않는다. 이 물건은 높은 가격으로 입찰해 임차인이 온전히 배당받도록 하거나, 낮은 가격으로 입찰해 보증금을 인수하는 전략이 가능하다. 다만 고가입찰 전략을 사용하려면, 임금채권 및 압류 등은 임차인보다 먼저 배당받는 경우가 있어 주의가 필요하다. 입찰을 원한다면 인수하는 금액이 정확히 얼마인지 파악한 후, 인수금액을 뺀 금액으로 입찰해야 한다. 이러한 정보 파악이 어렵다면 입찰해서는 안 될 물건이다.

④ 대항력 갖춘 임차인이 배당신청 하지 않은 매각물건명세서

매각물건명세서

사 건	2021타경2783 부동산강제경매 2021타경3113(중복)		매각 물건번호	1	작성 일자	2023.03.14	담임법관 (사법보좌관)		김	
부동산 및 감정평가액 최저매각가격의 표시	별지기재와 같음		최선순위 설정		2021.7.26.(경매개시결정)		배당요구종기		2021.10.12	

부동산의 점유자와 점유의 권원, 점유할 수 있는 기간, 차임 또는 보증금에 관한 관계인의 진술 및 임차인이 있는 경우 배당요구 여부와 그 일자, 전입신고일자 또는 사업자등록신청일자와 확정일자의 유무와 그 일자

점유자 성 명	점유 부분	정보출처 구 분	점유의 권 원	임대차기간 (점유기간)	보 증 금	차 임	전입신고 일자, 사업자등록 신청일자	확정일자	배당 요구여부 (배당요구일자)
김	전부	현황조사	주거 임차인	미상	2억6천5백만원	없음	2021.05.20.	미상	

〈비고〉

※ 최선순위 설정일자보다 대항요건을 먼저 갖춘 주택·상가건물 임차인의 임차보증금은 매수인에게 인수되는 경우가 발생 할 수 있고, 대항력과 우선변제권이 있는 주택·상가건물 임차인이 배당요구를 하였으나 보증금 전액에 관하여 배당을 받지 아니한 경우에는 배당받지 못한 잔액이 매수인에게 인수되게 됨을 주의하시기 바랍니다.

등기된 부동산에 관한 권리 또는 가처분으로 매각으로 그 효력이 소멸되지 아니하는 것

매각에 따라 설정된 것으로 보는 지상권의 개요

비고란

출처: 대한민국법원 법원경매정보 매각물건명세서

위 매각물건명세서의 경우 임차인 김 모 씨가 살고 있으며, 전입일자가 최선순위설정 일자보다 빨라 대항력을 갖춘 상태이다. 확정일자가 미상이고, 배당요구를 하지 않았기에(공란) 매각대금으로부터 배당받지 못하는 임차인 보증금 2억 6,500만 원 전액을 낙찰자가 인수해야 한다. 이 물건의 경우 2억 6,500만 원을 무조건 인수하기에 초보들이 입찰해선 안 되는 물건이다. 입찰하고자 한다면 최대한 많이 유찰되어 낙찰가와 인수액(2억 6,500만 원)을 더한 금액이 시세보다 낮을 때 입찰해야 한다.

핵심요약

✔ **매각물건명세서 분석**

ⓐ 최선순위설정일(말소기준권리), 임차인의 정보(전입일자, 확정일자, 배당신청일자), 매각으로 소멸하지 않고 인수되는 권리, 지상권 등의 정보들이 기재되어 매각물건명세서만으로도 경매 권리분석이 가능

ⓑ 상단 임차인 정보 공란, 하단도 공란으로 표기된 물건들은 시세조사만 필요하기에 초보자도 접근 가능

ⓒ 새로운 정보나 권리들이 접수된다면 매각물건명세서가 달라질 수 있으니, 입찰 시 재확인하는 습관 필요

지금까지 살펴본 경매 이론과 권리분석만 가지고는 즉시 수익을 내기가 힘들 것이다. 경매의 목적은 좋은 물건을 저렴하게 낙찰받아 수익을 확보하는 것인데, 권리분석은 물건 선정을 위한 과정일 뿐 수익을 위해서는 그 밖의 다양한 정보들이 필요하다. 실제 권리분석만 이해한 상태에서 물건을 고가에 낙찰받아 팔지도 못한 채 손해만 보고 시장을 떠나는 사람도 많다. 물건의 시세와 정보를 한정적으로 본 결과이다. 이제 우리는 물건의 정보수집부터 물건 선정, 입찰 방법과 낙찰 이후의 일들까지, 경매의 모든 과정을 하나씩 배워보도록 하자.

Chapter 4

물건 선정과
입찰

물건 선정과 정보수집

입찰하고자 하는 물건의 정보는 여러 단계를 거쳐 수집하고 검증되어야 한다. 나 또한 유료경매업체에서 제공하는 정보를 1차적으로 수집한 후, 부동산 플랫폼(네이버 부동산, 아실, 호갱노노 등)을 통해 2차 정보를 수집, 마지막으로 현장 조사를 통해 입찰에 참여할 물건을 최종적으로 결정한다. 다음은 단계별 정보 활용법이다.

① 유료 경매업체

입찰하려는 물건이 있다면 그 물건의 상태와 현황 등의 기본적인 정보들이 필요하다. 유료경매업체를 활용하면 해당 물건의 다양한 정보들을 1차적으로 수집할 수 있다.

2021 타경 2725 서울동부지방법원 동부5계

매각기일 2023-05-22(월) 10:00 (입찰 33일전) 담당계 (02) 2204-2409

소재지	서울 성동구 행당동				
물건종류	아파트	사건접수	2021.11.30	경매구분	강제경매
건물면적	59.96㎡ (18.14평)	소유자	이	감정가	1,194,000,000원
대지권	31.5㎡ (9.53평)	채무자	이	최저가	(64%) 764,160,000원
매각물건	건물전부, 토지전부	채권자	케이비국민카드	입찰보증금	(10%) 76,416,000원

입찰 진행 내용 입찰 33일전

구분	입찰기일	최저매각가격	상태
1차	2023-03-13	1,194,000,000	유찰
2차	2023-04-17	955,200,000	유찰
3차	2023-05-22	764,160,000	-

물건 사진 사진 더 보기

매각 물건 현황 감정원 하나에셋감정 가격시점 2021.12.15

목록		지번/토지이용계획/용도/구조/면적	감정가	비고
건물	1	행당동 347 행당동대림아파트 105동 9층 호 [행당로 79] 총 15층 중 9층 건물 59.96㎡(18.14평)	477,600,000 7,965,310(원/㎡)	보존등기:2001.08.25
		대지권(대지) 118458.2㎡ 중 31.5㎡(9.52평)	716,400,000 22,742,857(원/㎡)	
토지이용계획		도시지역 │ 제3종일반주거지역 │ 도로(접합) │ 교육환경보호구역 │ 상대보호구역 │ 절대보호구역 │ 대공방어협조구역 │ 과밀억제권역 │ 건축선		
현황위치		[구분건물] 본건은 서울특별시 성동구 행당동 소재 지하철5호선「행당역」북서측 인근에 위치하며 주위는 아파트단지, 단독 및 다세대주택, 근린생활시설 등이 혼재하는 지대를 형성하고 있으며 주위환경은 쾌적합니다. 본건까지 차량접근이 가능하며 인근에 노선버스정류장 및 지하철5호선「행당역」등이 소재하며 제반 교통사정은 양호합니다. 철근콘크리트백식조 평슬래브지붕 15층 건물 내 제9층 제904호로서외벽: 시멘트 몰탈위 페인팅 마감 등내벽: 벽지도배 및 일부 타일붙임 마감 등창호: 샷시 창호임 아파트(후정)「내부구조도」참조)로 이용중임 위생 및 급배수설비, 난방설비, 승강기설비, 소화전 및 화재탐지설비 등이 구비되어 效용 본건 단지의 서측 및 남동측으로 중로에 접하는 등 단지 외곽으로 공도와 연결됨		

임차인 현황 점유관계조사

임차인/대항력	점유부분	전입/확정/배당	보증금/월세	예상배당액 예상인수액	비고
임차인현황 자료가 없습니다.					

전입세대 / 관리비 체납

전입세대	관리비 체납내역
전입 김** 2003.07.18 열람일 2023.02.27	• 체납액 미상 • 확인일자 미상 • 비공개 • ☎ 02-6212-6181
대항력이란? 보기 ∨	

등기부 현황(집합) 채권액 합계 2,784,487 열람일자 2023.02.22 유의사항

접수번호	등기목적	권리자	채권금액	기타등기사항	소멸여부
2002.10.31 (103302)	소유권이전	이		전소유자:김 상속(2002. 05.20)	
2016.01.13 (2071)	압류	서울특별시성동구		**말소기준권리**	소멸
2018.01.19 (10082)	가압류	케이비국민카드	2,784,487		소멸
2021.12.09 (196694)	강제	케이비국민카드	청구금액 4,807,101		소멸

출처: 두인경매

유료 경매정보업체를 이용하면 해당 물건의 기본 정보와 입찰 정보, 물건 사진 및 현황, 임차인현황, 관리비 체납내역, 등기부 현황, 감정평가서, 현황조사서, 전입세대확인서, 매각물건명세서, 등기부등본, 건축물대장, 문건송달내역, 토지이용계획열람, 지도 외에도 다양한 정보들을 한눈에 확인할 수 있는 편리함이 있다. 대한민국법원 법원경매정보 사이트에서도 기본 정보는 무료(등기부등본 유료)로 제공된다. 하지만 가독성이나 정보의 양에서 유료 정보업체와 많은 차이가 보여 투자자 대부분은 유료 경매정보업체를 이용한다.

유료 경매정보업체의 1년 회원 가격은 25만 원~110만 원까지 다양하며, 업체 간 정보제공량에 있어서 큰 차이는 없으나 자체적으로 제공해주는 정보(현장 조사, 주변 시세, 기타사항 등)는 조금씩 다르다. 처음 경매를 시작한다면 부담되지 않는 저렴한 곳을 추천하며, 어느 정도 경험이 쌓였다면 자기 스타일에 맞는 경매정보업체를 선택하면 된다.

참고로 나는 기초반 수강자들을 위해 가장 저렴한 〈두인경매〉를 베이스로 2개 업체를 사용 중이다. 또한 '네이버 부동산 경매' 및 '다음 부동산 경매'에서도 경매 정보를 월 3건까지 무료로 열람 가능하니, 이를 활용해 공부를 시작한다면 부담을 덜 수 있을 것이다.

② 부동산 플랫폼

네이버부동산, 부동산지인, 아실, 호갱노노, 씨리얼 등 부동산 플랫폼 전성시대라 할 만큼 수많은 정보와 커뮤니티가 넘쳐나고 있다. 각각의 업체들이 제공해주는 주력 정보들이 조금씩 다르기에, 플랫폼업체만 잘 활용해도 입찰하고자 하는 물건들의 개발호재, 교통호재, 지역호재 등을 쉽게 확인할 수 있다. 나는 전반적인 매물 정보나 시세는 '네이버부동산', 학원가 및 입주민 이야기나 커뮤니티는 '호갱노노', 매물증감 및 개발 정보 등은 '아실', 물건 정보 및 공시가 등은 '씨리얼'의 온나라지도를 활용한다.

1차 정보는 경매 물건에 국한된 정보였다면, 2차 정보는 더 광범위한 정보들로 구성되어 진다. 내가 입찰하고자 하는 물건의 실거래가 및 주변시세, 입지, 학군, 교통, 상권, 호재 등 광역적 정보들을 파악하고 수집하여 가장 적합한 입찰가를 산정하는 것이 목표이다.

③ 현장 조사(3차 정보수집)

1차, 2차 정보를 모두 수집했다면, 마지막 현장 조사를 통해 입찰에 참여할 물건을 최종적으로 결정한다. 현장 조사는 정보수집의 마지막 단계인 만큼 구체적으로 기록되어야 한다. 다음은 현장 조사 시 내가 확인하는 부분들이다.

(1) 부동산을 통해 수집한 급매가격과 실제 호가가 맞는지 확인(부동산 3곳 이상 방문)

(2) 손품을 통해 얻은 정보와 일치하는지 확인(교통, 학교, 언덕, 주변 환경 등)

(3) 행정복지센터(주민센터)에 방문하여 전입세대 열람(신분증, 경매 물건 프린트)

(4) 아파트 관리비 미납 여부 확인(공용관리비 3년 치 낙찰자 인수, 아파트 관리실 방문)

(5) 향이나 동에 따른 조망권 여부 및 장단점 파악

(6) 개발 호재나 추진 중인 호재의 실체 파악(온라인으로는 투기꾼들의 작업으로 인

해 재개발 및 재건축 홍보 글이 많으나 실제 현지인들은 결사반대를 외치는 경우)

(7) 해당 물건의 우편함, 전기량, 수도 계량기 등을 확인하여 점유자 여부 파악

(8) 새시, 창틀, 외간, 계단 등을 통해 시설 노후도 및 관리실태 파악(빌라 꼭대기 층은 옥상 방수 여부 확인)

(9) 물건지 반경 1km 내 학원가와 학교 개수 파악

(10) 편의시설 및 문화 예술 공간의 다양성 파악

(11) 유흥가 및 혐오 시설 여부 파악

(12) 이외에도 현장 조사를 통해 찾아낸 기타사항 체크

위 정보들을 모두 파악하기 어렵다면 1번~8번을 우선순위로 두고 정보 수집을 해야 한다. 눈으로만 익히고 기억하면 오류가 발생하기 쉬우니, 반드시 현장 조사일지를 만들어 기록하거나 녹음 등을 해두어 재확인하는 시간을 갖도록 하자. 최종입찰 여부를 결정하는 조사인 만큼 다양한 정보들을 바탕으로 종합적으로 고려해 결정하는 것이 좋다.

핵심요약

물건 정보수집

ⓐ 유료경매업체 정보를 통해 1차 정보수집

입찰 정보, 물건 사진 및 현황, 임차인현황, 관리비 체납내역, 등기부 현황, 감정평가서, 현황조사서, 전입세대확인서, 매각물건명세서, 등기부등본, 건축물대장, 문건송달내역, 토지이용계획열람 등을 통해 정보수집

ⓑ 부동산 플랫폼 정보를 통해 2차 정보수집

네이버부동산, 부동산지인, 아실, 호갱노노 등 부동산 플랫폼업체를 활용하여 입찰하고자 하는 물건들의 시세, 거래량, 교통호재, 개발호재 등의 정보수집

ⓒ 현장 조사를 통해 3차 정보수집

정보수집의 마지막 단계로 현장 조사를 통해 1, 2차 때 수집한 정보의 일치 여부와 호가 등을 점검

경매 입찰

정보를 수집 후 최종입찰 물건이 결정되면 해당 물건의 입찰 방법에 따라 입찰에 참여한다. 경매 절차에서 입찰은 기일입찰과 기간입찰로 나뉘는데, 기일입찰은 매각기일에 입찰가격을 기재한 입찰표를 제출하고 개찰을 통해 최고가매수신고인을 정하는 방법이고, 기간입찰은 입찰 기간 내에 매수희 망자가 입찰표를 제출하여 매각기일에 개찰하여 최고가매수신고인을 정하 는 방법이다. 경매법원은 대부분 기일입찰로 매각을 진행하고 있다. 지금부 터 기일입찰 진행 과정 및 입찰 방법에 대해 자세히 알아보자.

① 기일입찰 과정

(1) 매각장소: 매각기일에 법원에서 진행된다. 법원 내에는 입찰표, 보증금 봉투, 입찰 봉투 등이 비치되어 있다.

(2) 입찰개시: 입찰절차를 안내하며 입찰희망자가 매각물건명세서 등을 열람 할 수 있도록 비치한다. 입찰 마감과 개찰 시각을 고지 후, 입찰이 시작된다.

(3) 입찰표 작성: 입찰에 참여하기 위해서는 입찰표를 작성해야 하며 입찰표에는 사건번호, 입찰자 신상정보, 입찰가격, 입찰 보증금액을 빠짐없이 기재해야 한다.

(4) 입찰표 및 매수신청보증금 제출: 입찰자는 입찰표를 작성 후, 보증금을 입찰보증금 봉투에 넣은 다음, 기재한 입찰표와 보증금 봉투를 다시 입찰 봉투에 넣어 스테이플러로 철해 봉한다. 입찰 봉투를 신분증과 함께 집행관에게 제출하면 집행관은 본인확인 후 수취증과 입찰 봉투를 준다. 돌려받은 입찰 봉투는 입찰자가 스스로 입찰함에 넣으면 된다. 한 번 제출한 입찰표는 취소, 변경할 수 없다.

(5) 입찰의 종결: 입찰이 마감되면 개찰을 시작하며, 사건별 가장 높은 가격을 제시한 사람이 최고가매수신고인이 된다. 최고가를 제시한 사람이 2인 이상일 경우 그들만으로 추가 입찰을 실시한다. 최고가매수신고인이 결정되면 이외의 다른 입찰자에게는 제출한 입찰 봉투와 입찰보증금을 즉시 반환한다.

② 입찰자 준비사항

(1) 본인 입찰

- 신분증

  (주민등록증, 운전면허증, 여권 등)

- 도장(지장 가능)

- 입찰보증금

(2) 대리인 입찰

- 인감 날인된 위임장

- 본인 인감증명서

- 본인 인감도장

- 대리인 신분증

- 대리인 도장

- 입찰보증금

(3) 법인 입찰

- 법인 등기부등본
- 법인 인감도장
- 대표이사 신분증
- 입찰보증금

(4) 법인 대리인 입찰

- 법인 등기부등본
- 법인 인감도장
- 법인 인감증명서
- 인감 날인된 위임장
- 대리인 신분증
- 대리인 도장
- 입찰보증금

③ 입찰표 작성방법

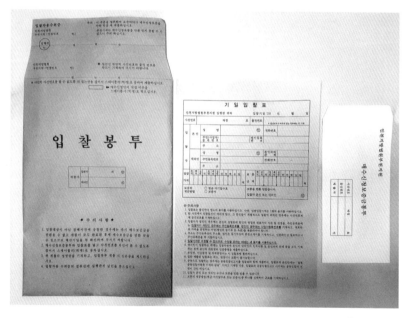

출처: 저자 제공

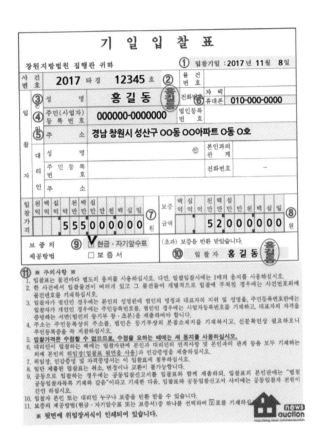

(1) 기일입찰표 작성 방법

ⓐ **입찰기일:** 입찰하는 날짜를 적는다.

ⓑ **사건번호:** 경매목적물에 부여된 사건번호를 적는다. 경매개시 연도와 타경, 사건번호로 표시된다.

ⓒ **물건번호:** 하나의 사건에 1개의 물건만 진행된다면, 물건번호는 공란 및 1번으로 적으면 된다. 하지만 하나의 경매 사건에 2개 이상의 물건이 일괄 매각으로 진행된다면 사건번호 옆 물건번호가 (1), (2) 등으로 함께 나타난다. 이런 경우 물건번호를 반드시 기재해야 한다.

ⓓ **본인:** 입찰자의 인적 사항을 적는 칸으로 성명(도장 날인), 주민등록번호, 전화번호, 주소를 적는다.

ⓔ **입찰가격:** 입찰하고자 하는 금액을 숫자로 표기하며, 오해가 없도록 정자로 적는다. 보증의 제공방법으로 현금·자기앞수표 칸에 체크한다.

ⓕ **보증금액:** 입찰보증금은 보통 매각가격의 10%지만, 특별매각조건 등으로 20%~30%인 경우도 있으니 법원이 요구한 보증금을 확인 후 기재한다. 입찰 보증금액 아래 입찰자 이름과 도장을 찍는다. 보증금을 넣지 않거나 부족하면 입찰은 무효가 된다.

출처: 저자 제공

입찰보증금 봉투

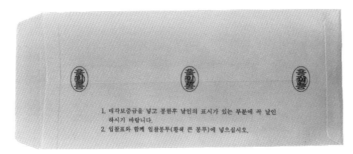

1. 매각보증금을 넣고 봉한투 날인의 표시가 있는 부분에 꼭 날인 하시기 바랍니다.
2. 입찰표와 함께 입찰봉투(황색 큰 봉투)에 넣으십시오.

(2) 입찰보증금 봉투 작성 방법

ⓐ 보증금을 보증금 봉투에 넣고, 보증금 봉투 앞면에 사건번호와 물건번호를 적는다.

ⓑ 제출자 이름을 적고 도장을 찍는다.

ⓒ 봉투 뒷면 (인)이라 적혀있는 3곳 모두 찍는다.

입찰봉투

(3) 입찰 봉투 작성 방법

ⓐ 입찰 봉투 앞면에 본인 이름과 도장을 찍는다(대리인 입찰 시 본인 칸에 본인의 성명과 인감도장을 날인 후, 대리인 칸에 대리인 성명 기재 후 대리인 도장을 찍는다. 나머지 날인 칸에 전부 대리인 도장을 날인한다).

ⓑ 봉투 뒷면 입구에 사건번호와 물건번호를 적는다.

ⓒ 봉투 뒷면 (인)이라 적혀 있는 곳에 도장을 찍는다.

④ 입찰 시 예상 경비

입찰자들을 예상 경비나 잔금을 대출에 의지한 채 보증금만으로 입찰하는 경우가 많은데, 이렇게 하면 자금줄이 막혀 잔금을 미납하는 사례가 발생할 수 있다. 경매는 저렴하게 매수하는 것이 목적인 만큼, 대출이나 예상 경비를 꼼꼼히 확인 후 입찰해야 한다. 대출은 보유주택 수, DSR 등으로 개인마다 대출 금액이 다르니 사전에 은행이나 대출상담사를 통해 경락잔금대출을 미리 알아보길 바란다.

그 외에도 낙찰 시 부가적으로 소요되는 경비들이 있으니, 예상 경비까지 확인하여 입찰가를 산정해야 한다. 예상 경비는 구체적일수록 이후 벌어질 변수에 쉽게 대응할 수 있다. 실패하지 않는 투자를 위해 입찰 시 추가되는 경비들에 대해 살펴보자.

(1) 입찰보증금 10%(특별매각조건 20%~30%)

(2) 취득세(정부의 중과 완화 방안으로 국회 동의 필요)

취득세 중과 완화 방안				
지역	1주택	2주택	3주택	4주택↑·법인
조정대상지역	1%~3%	8% → 1%~3%	12% → 6%	12% → 6%
비조정대상지역		1%~3%	8% → 4%	12% → 6%

출처: 기획재정부

(3) 법무비: 50만 원~100만 원

(4) 명도비: 평당 15만 원

(5) 관리비: 공용관리비 3년 이내 미납금 낙찰자 인수

(6) 수리비: 연식에 따라 평당 30만 원~50만 원(임대용 인테리어 기준/발코니, 화장실 별도)

(7) 공실이자: 3개월~6개월

(8) 중도상환 수수료: 은행별 1%~2%

(9) 부동산 중개수수료

⑤ 입찰 당일 체크 사항

(1) 신분증, 도장, 보증금

(2) 대법원 경매사이트에서 취하 및 변경 여부 확인

(3) 등기부등본 권리변경 여부 확인

(4) 입찰표 작성법 예시 확인

(5) 법원 주차가 힘든 경우가 많으니, 주변 주차장 확인

(6) 법원 은행 위치 파악

경매 입찰

- ✔ **본인 입찰 준비물:** 신분증, 도장, 보증금
- ✔ **예상 경비:** 입찰보증금, 취득세, 법무비, 명도비, 관리비, 수리비, 공실 이자, 수수료 등
- ✔ **작성법 숙지:** 기일입찰표, 입찰보증금 봉투, 입찰 봉투
- ✔ **입찰 당일:** 등기부등본 권리변경 여부 확인, 대법원 경매사이트에서 취하 및 변경 여부 확인

경매 낙찰

　낙찰받았다는 기쁨도 잠시, 최고가매수신고인으로서 해야 할 일들이 많다. 물건별 최고가매수신고인이 결정되면 이외의 다른 입찰자는 입찰 봉투와 입찰보증금을 즉시 돌려받으며, 최고가매수신고인은 보증금액 영수증을 받는다. 법원은 매각허가결정을 위한 조사를 진행하여, 2주 후 매각허가결정 또는 매각불허가결정을 선고한다. 이 시기에 최고가매수신고인은 잔금과 명도 협상 등 전체적인 계획을 잘 세워야 한다.

① 경락잔금대출 알아보기

　최고가매수신고인으로 영수증을 받고 법원을 빠져나오면 개인 영업자들이 법무사, 대출상담사, 공인중개사, 인테리어 등의 많은 명함과 함께 연락처를 요구할 것이다. 만약 대출이나 법무사 등이 필요한 경우라면 이들을 리스트에 넣는 것이 좋다. 경락잔금 대출상품부터 법무 비용까지 비교적 도움 되는 정보를 많이 얻을 수 있기에 하나하나 비교해 가면서 활용해 보는 것을 추천한다. 만약 내가 입찰하려는 물건이 대항력을 갖춘 임차인, 선순위 가처분, 위반건축물, 유치권, 지분경매 등 설정된 권리들이 인수되는 경우라면, 대출이 어렵기에 입찰에 신중해야 하며 사전에 자금계획을 철저히 세워야 한다.

② 점유자 연락처 알아내기

낙찰받은 물건의 점유자(임차인 혹은 소유자) 연락처를 알아내야 한다. 찾아가면 비어 있는 경우도 많으니, 사전에 연락을 취해 명도 등 협상 일정을 계획하는 것이 좋다. 점유자 연락처는 재판기록 열람을 통해 확인할 수 있다. 법원 내에 재판기록 열람 신청서를 작성하고 접수(민원실)한 다음 해당 경매계에서 재판기록을 열람하면 된다. 이때 임대차계약서 등을 통해 소유자 및 임차인 연락처를 확인할 수 있으나, 반드시 존재하는 건 아니다. 연락처가 없다면 직접 찾아가 문 앞에 쪽지나 메모지를 남겨놓는 것도 방법이며, 직접 점유자를 만나 명도나 이사협상을 진행하는 것이 좋다.

③ 권리 취득

최고가매수신고인이 법원으로부터 대금지급기한통지서를 받아 매각대금을 납부했다면, 납부 시점부터 매수인으로서의 소유권을 취득하게 된다. 이때부터는 소유권자로 점유자가 부동산을 인도하지 않는다면 인도명령을 신청할 수 있다. 인도명령신청은 매각대금 납부일로부터 6개월 이내에 해야 하며, 법무사를 이용하는 경우라면 보통 매각대금납부와 동시에 인도명령 신청을 대리해 신청해주는 경우가 많다. 만약 인도명령신청을 하지 않았다면 직접 법원에 방문하여 신청할 수 있다.

경매 낙찰

- **경락잔금대출 알아보기:** 인터넷이나 영업사원 등으로부터 얻은 명함을 리스트에 넣고 비교해 가며 나에게 맞는 상품 찾아내기
- **점유자 연락처 알아내기:** 직접 찾아가 점유자를 만나기 어렵다면, 재판기록 열람을 통해 연락처 파악
- **권리 취득:** 매각 허가가 확정되면 법원으로부터 대금지급기한통지서를 받으며, 매각대금 납부 시점부터 소유권 취득

명도란 점유할 권리가 없는 자를 내보내는 일이다. 경매의 장점이 많음에도 경매가 어렵게 느껴지는 이유는 바로 명도 때문인데, 나 역시도 처음 물건을 낙찰받았을 때 낙찰받은 기쁨보다 명도에 대한 걱정이 앞섰다. 연락처도 없으니 낙찰받은 빌라 앞에서 1시간 동안 서성거렸고 초인종을 누르기 전, 수십 번 고심했던 기억이 아직도 생생하다. 사람을 상대하는 것이 겁이 났고, 혼자 이 일을 해결해야 한다는 것이 부담스러웠다. 명도 협상은 사람을 대하는 과정이다 보니 매번 대처법도 다르고, 뚜렷한 정답도 없다. 죽어도 못 나간다는 사람, 기다렸다는 듯 터무니없이 거액의 이사비를 요구하는 사람, 심지어 욕을 하는 사람도 있다. 그러나 경험에 따른 노하우가 생긴다면 큰 어려움 없이 대처해 나갈 수 있을 거라 확신한다.

Chapter 5

명도 협상과
강제집행

상황별 임차권 소멸 시기

　최고가매수신고인은 잔금 납부 전, 임차인을 만나 퇴거를 요청하는 경우가 많다. 하지만 이 행위는 신중할 필요가 있다. 잔금 납부 전, 소유권이 없는 상태에서의 명도 요청은 추후 문제가 될 수 있어 협상이나 협의 수준에 한정되어야 한다. 다만 잔금 납부로 인해 소유권이 이전되었다면 점유에 따른 부당이득을 청구해 명도 협상의 무기로 활용할 수 있다. 그렇다면, 점유에 따른 부당이득금은 언제부터 청구할 수 있는지 상황별로 자세히 알아보자.

① 대항력 없는 임차인

　대항력 없는 임차인의 경우, 매수인이 매각대금 납부 이후부터 임차료를 지급할 의무가 발생한다. 매수인은 임차인을 상대로 명도 완료 시까지 점유에 따른 부당이득을 청구할 수 있다. 다만 실무에 있어 명도 협상을 위한 카드로 활용될 뿐, 실제 부당이득반환청구 및 소송을 진행하는 경우는 드물다.

② 대항력과 우선변제권을 가진 임차인이 전액 배당받는 경우

대항력과 우선변제권을 가지고 있는 임차인이 배당요구하여 전액 배당받는 경우라면, 배당표가 확정된 이후부터 매수인에게 임차료를 지급할 의무가 발생한다. 임차인의 배당표가 확정되기 전이라면 임차권은 소멸하지 않아 매수인이 매각대금 납부로 소유권을 취득했더라도 임차인 점유는 부당이득에 해당하지 않는다.

그렇다면 배당표는 언제 확정될까? 법원은 배당기일 3일 전, 배당표원안을 작성해 법원에 비치하며, 배당기일에 출석한 이해관계인과 배당을 요구한 채권자를 심문하여 배당표를 확정한다. 배당표에 관해 아무런 이의제기가 없다면 배당표는 확정되고 배당이 진행된다.

· 판례 ·

[판시사항]

주택임대차보호법상의 대항력과 우선변제권을 가진 임차인이 임차주택에 대한 경매절차에서 보증금 전액을 배당받을 수 있는 경우 임차권의 소멸시기(임차인에 대한 배당표의 확정 시) 및 임차인에 대한 배당표가 확정될 때까지 임차인에 의한 임차주택의 사용·수익이 낙찰대금을 납부한 경락인과의 관계에서 부당이득으로 되는지 여부(소극)

---

③ 대항력과 우선변제권을 가진 임차인이 일부만 배당받는 경우

대항력과 우선변제권을 가지고 있는 임차인이 배당요구 하여 일부만 배당받는 경우, 배당받은 부분에 관하여 임차인은 매수인에게 임차료를 지급할 의무가 발생한다. 배당받지 못한 보증금에 관해서는 임대차가 존속하여 부당이득을 청구할 수 없으나, 전체 보증금 중 배당받은 부분에 관해서는 임차인이 점유하고 있는 만큼 매수자에게 임차료 지급 의무가 생기는 것이다.

· 판례 ·

[판시사항]

[1] 대항력과 우선변제권을 겸유하고 있는 임차인이 배당요구를 하였으나 보증금 전액을 배당받지 못한 경우, 그 잔액에 대하여 경락인에게 동시이행의 항변을 할 수 있는지 여부(적극)

[2] 임대차 종료 후 임차보증금을 반환받지 못한 임차인이 동시이행의 항변권에 기하여 임차목적물을 계속 점유하는 경우, 손해배상의무의 존부(소극) 및 부당이득반환의무의 존부(한정 적극)

[3] 대항력과 우선변제권을 겸유하고 있는 임차인이 배당요구를 하였으나 보증금 중 일부만을 배당받은 후 임차목적물 전부를 계속하여 사용·수익하는 경우, 배당받은 보증금에 해당하는 부분에 대한 부당이득반환의무의 존부(적극)

[판결요지]

[1] 주택임대차보호법상의 대항력과 우선변제권이라는 두 가지 권리를 겸유하고 있는 임차인이 먼저 우선변제권을 선택하여 임차주택에 대하여 진행되고 있는 경매절차에서 보증금 전액에 대하여 배당요구를 하였다고 하더라도, 그 순위에 따른 배당이 실시된 경우 보증금 전액을 배당받을 수 없었던 때에는 보증금 중 경매절차에서 배당받을 수 있었던 금액을 공제한 잔액에 관하여 경락인에게 대항하여 이를 반환받을 때까지 임대차관계의 존속을 주장할 수 있다고 봄이 상당하고, 이 경우 임차인의 배당요구에 의하여 임대차는 해지되어 종료되고, 다만 같은 법 제4조 제2항에 의하여 임차인이 보증금의 잔액을 반환받을 때까지 임대차관계가 존속하는

159

것으로 의제될 뿐이므로, 경락인은 같은 법 제3조 제2항에 의하여 임대차가 종료된 상태에서의 임대인의 지위를 승계한다.

[2] 임대차 종료 후 임차인의 임차목적물 명도의무와 임대인의 연체임료 기타 손해배상금을 공제하고 남은 임차보증금 반환의무와는 동시이행의 관계에 있으므로, 임차인이 동시이행의 항변권에 기하여 임차목적물을 점유하고 사용·수익한 경우 그 점유는 불법점유라 할 수 없어 그로 인한 손해배상책임은 지지 아니하되, 다만 사용·수익으로 인하여 실질적으로 얻은 이익이 있으면 부당이득으로서 반환하여야 한다.

[3] 주택임대차보호법상의 대항력과 우선변제권을 겸유하고 있는 임차인이 배당요구를 하였으나 보증금 전액을 배당받지 못하였다면 임차인은 임차보증금 중 배당받지 못한 금액을 반환받을 때까지 그 부분에 관하여는 임대차관계의 존속을 주장할 수 있으나 그 나머지 보증금 부분에 대하여는 이를 주장할 수 없으므로, 임차인이 그의 배당요구로 임대차계약이 해지되어 종료된 다음에도 계쟁 임대 부분 전부를 사용·수익하고 있어 그로 인한 실질적 이익을 얻고 있다면 그 임대 부분의 적정한 임료 상당액 중 임대차관계가 존속되는 것으로 보는 배당받지 못한 금액에 해당하는 부분을 제외한 나머지 보증금에 해당하는 부분에 대하여는 부당이득을 얻고 있다고 할 것이어서 이를 반환하여야 한다.

[대법원 1998. 7. 10. 선고 98다15545 판결]

④ 배당이의소송으로 배당받지 못한 경우

　대항력과 우선변제권을 가진 임차인이 배당요구하여 전액 배당받는 것으로 기재되었으나 후순위채권자가 배당이의소송을 제기하여 배당받지 못하는 경우, 배당표가 확정되지 않았기에 명도 및 부당이득청구를 할 수 없으며, 임차인은 배당이의소송이 종결되어 배당표가 확정될 때까지 주택 인도를 거부할 수 있다. 이 경우 예상치 못한 소송으로 매수인의 손해가 커질 수 있는데, 후순위채권자의 배당이의소송으로 배당표가 늦어 명도 받지 못함에 따른 손해를 후순위채권자를 상대로 손해배상을 청구하는 방법으로 해결해야 한다.

· 판례 ·

[판시사항]

[1] 대항력과 우선변제권을 겸유하고 있는 임차인이 배당요구를 하여 배당표에 전액 배당받는 것으로 기재되었으나 후순위채권자가 배당이의소송을 제기하는 바람에 배당금을 받지 못하고 있는 경우, 임차인은 경락인에 대하여 임차주택의 명도를 거부할 수 있는지 여부(한정 적극)

[2] 경락인의 명도청구에 대해 임차인이 임차보증금이 배당된 배당표가 확정되지 않았음을 이유로 동시이행의 항변을 하는 경우의 판결주문

[판결요지]

[1] 주택임대차보호법 제3조, 제3조의2, 제4조의 규정에서 임차인에게 대항력과 우선변제권의 두 가지 권리를 인정하고 있는 취지가 보증금을 반환받을 수 있도록 보장하기 위한 데에 있는 점, 경매절차의 안정성, 경매 이해관계인들의 예측가능성 등을 아울러 고려하여 볼 때, 두 가지 권리를 겸유하고 있는 임차인이 우선변제권을 선택하여 임차주택에 대하여 진행되고 있는 경매절차에서 보증금에 대하여 배당요구를 하였다고 하더라도, 순위에 따른 배당이 실시될 경우 보증금 전액을 배당받을 수 없는 때에는 보증금 중 경매절차에서 배당받을 수 있는 금액을 공제한 잔액에 관하여 경락인에게 대항하여 이를 반환받을 때까지 임대차관계의 존속을 주장할 수 있고, 보증금 전액을 배당받을 수 있는 때에는 경락인에게 대항하여 보증금을 반환받을 때까지 임대차관계의 존속을 주장할 수는 없다고 하더라도 다른 특별한 사정이 없는 한 임차인이 경매절차에서 보증금 상당의 배당금을 지급받을 수 있는 때, 즉 임차인에 대한 배당표가 확정될 때까지는 경락인에 대하여 임차주택의 명도를 거절할 수 있는바, 경락인의 임차주택의 명도청구에 대하여 임차인이 동시이행의 항변을 한 경우 동시이행의 항변 속에는 임차인에 대한 배당표가 확정될 때까지 경락인의 명도청구에 응할 수 없다는 주장이 포함되어 있는 것으로 볼 수 있다.

[2] 변론종결일 현재 임차인을 상대로 한 배당이의소송이 계속중이어서 임차인에 대한 배당표가 확정되지 아니한 경우에는 임차인에 대한 배당표가 확정되는 때에 명도할 것을 명하는 판결을 하여야 한다.

[대법원 1997. 8. 29. 선고 97다11195 판결]

상황별 임차권 소멸 시기

- ✅ 대항력 없는 임차인의 경우, 매수인이 매각대금 납부 이후부터 임차료 지급할 의무 발생

- ✅ 대항력과 우선변제권을 가진 임차인이 배당요구하여 전액 배당받는 경우, 배당표가 확정된 이후부터 매수인에게 임차료 지급할 의무 발생

- ✅ 대항력과 우선변제권을 가진 임차인이 배당요구하여 일부만 배당받는 경우, 배당받은 부분에 관하여 임차인은 매수인에게 임차료 지급할 의무 발생

- ✅ 대항력과 우선변제권을 가진 임차인이 배당요구하여 전액 배당받는 것으로 기재되었으나 후순위채권자가 배당이의소송을 제기하여 배당받지 못하는 경우, 배당표가 확정되지 않았기에 명도 및 부당이득청구 불가

명도 협상

　명도 협상은 사람과 사람 사이의 일이기에 원활한 협상을 위해서는 무엇보다 서로 이해하는 마음이 필요하다. 점유자는 쫓겨난다는 생각에 비협조적으로 나올 수 있으니 원만한 명도를 위해서는 이사비용 일부를 책정하는 것이 좋다. 이사비용을 주지 않고 법이 정한 강제집행으로 해결할 수도 있지만, 그 또한 비용이 소요된다. 이사비용을 책정하여 원만한 합의가 된다면, 강제집행에 드는 비용보다 더 빠르고 저렴하게 집을 인도받을 수 있으니 굳이 이사비용에 인색할 필요가 없다. 오히려 이사비용을 책정함으로써 매수인이 명도 스트레스 없이 빠르게 집을 인도받아 수익률을 높이는 것이 더 현명한 방법이다. 물론, 그들의 요구를 하나부터 열까지 전부 들어줄 순 없기에 최대한 경청하되, 어느 정도의 마지노선을 정해놓고 행동해야 한다. 점유자들의 요구사항은 보통 이사비와 무상점유기간, 이 두 가지로 수렴되기에 이 둘의 마지노선을 반드시 정할 필요가 있다.

보증금을 배당받지 못해 손실을 보는 임차인 혹은 채무자가 점유 시 나 또한 이사비를 책정하며, 이사비 마지노선은 강제집행에 드는 비용 이내로 잡는다. 유형과 상황에 따라 다르나 통상적으로 소형 빌라는 100만 원 이내, 아파트는 300만 원 이내에서 협상을 완료하는 편이며 무리한 요구를 할 때는 인도명령 신청을 함께하여 유리한 협상을 이끌어 낸다. 무상 점유 기간의 마지노선은 매각대금 납부 후 최대 40일로 두며, 40일 내 이삿짐센 터 예약을 잡거나 이사를 완료하는 조건으로 이사비를 지원한다. 그 이후부 터는 임대료 등을 요청하거나 인도명령 신청으로 퇴거를 압박한다.

경험에 의한 팁을 드리자면 점유자를 만나러 갈 때는 음료나 과일, 아이 들 있는 집은 장난감, 인형, 과자 세트 등을 사 들고 가는 것이 바람직하다. 첫 이미지를 좋게 유지해야 허심탄회한 대화를 이어갈 수 있기 때문이다. 점유자들 대부분은 자신의 억울함을 먼저 이야기하는데 진중히 경청하다 보면 합의점을 찾게 되는 순간이 오기 마련이다. 그러니 내가 하고 싶은 말 을 하기보다 그들의 이야기를 경청하며 협상을 원활히 이끌어가는 것이 좋 다. 내가 구상한 명도 협상 전략을 유형별로 살펴보자.

① 보증금 전액을 배당받는 임차인

이 경우 명도가 비교적 쉬우며, 보증금 전액을 배당받기에 보통은 이사비 를 책정하지 않고 이사 날짜만 협상한다. 이유인즉 임차인이 배당받기 위해 서는 낙찰자의 인감증명서와 명도확인서가 필요한데 그렇기에 임차인도 낙 찰자에게 협조적일 수밖에 없다. 간혹 임차인들이 배당받은 후 이사 가겠다 며 명도확인서를 먼저 요청하는 경우가 있는데, 명도확인서로 배당받은 후 임차인이 돌변하여 이사비를 요구하거나 이사를 나가지 않고 불법점유를 하는 경우가 발생할 수 있으므로 명도확인서를 미리 줄 때는 신중해야 한다. 피치 못할 사정으로 명도확인서를 미리 줘야 하는 경우라면 이사를 나가겠다는 각서와 함께 임차인이 이사 가는 곳의 임대차계약서, 이삿짐센터 예약 내역 등을 확인한 후 명도확인서를 준다. 임차인의 집을 비운 후, 혹은 집을 비우는 이사 당일 낙찰자가 명도확인서를 주는 동시이행이 가장 바람직한 방법이다.

② 보증금 일부만 배당받는 임차인

대항력이 있는 임차인이 보증금 일부만 배당받는 경우라면, 명도확인서가 필요하지 않다. 배당받지 못한 보증금은 낙찰자 인수사항이 되기에 임차인은 보증금 전액을 돌려받을 때까지 집을 인도해줄 필요가 없기 때문이다. 그러나 대항력 없는 임차인이 배당금을 수령할 때는 낙찰자의 명도확인서가 필요하기에 명도가 비교적 수월하다. 다만 보증금 일부만 배당받는 임차인이므로 손해 보는 보증금의 크기에 따라 이사비용 일부를 책정해놓는 것이 명도 협상에 유리하다.

③ 배당받지 못하는 임차인, 채무자 겸 소유자

가장 어려운 명도 중 하나로, 이들에게는 일방적 통보나 강압적인 모습을 보이기보다는 대화로 서로의 합의점을 이끌어 내는 것이 중요하다. 성급하게 해결하려 할수록 점유자는 불편한 기색을 보일 테니, 시간을 갖고 만남이나 소통을 통해 점유자의 의중을 파악하는 것이 중요하다. 이들은 아무런 보상도 받지 못한 채 쫓겨난단 생각에 감정이 격앙돼 있는 경우가 많다. 이사비 일부를 협상 조건에 올려 낙찰자로서 노력하고 있음을 상기시켜 주되, 가볍거나 우습게 보이지 않도록 마지노선을 정하여 단호히 행동해야 한다. 협상에 진전이 없고 감정의 골이 깊어진다면 집을 부수거나 훼손하는 사례가 발생할 수 있으니, 첫 명도 협상 시 집을 방문하여 사진 촬영과 함께 파손이나 훼손에 대한 사전 고지를 해두는 것도 문제 발생을 차단하는 방법이 될 수 있다. 또한 강제집행에도 비용이 소요되는 만큼, 이사비를 책정하여 명도를 원활히 마무리하는 것이 가장 좋은 방법임을 잊지 말아야 한다.

핵심요약

명도 협상

- ✅ **보증금 전액을 배당받는 임차인:** 명도가 비교적 쉬우며, 보증금 전액을 배당받기에 보통은 이사비를 책정하지 않고 이사 날짜만 협상
- ✅ **보증금 일부만 배당받는 임차인:** 손해 보는 보증금의 크기에 따라 이사비용 일부를 책정해놓는 것이 명도 협상에 수월
- ✅ **배당받지 못하는 임차인, 채무자:** 어려운 명도 중 하나로 강제집행에도 비용이 드는 만큼 이사비를 책정하여 원활한 협상을 유지하되, 마지노선을 정하여 행동

인도명령

경매를 통해 정당하게 낙찰받은 매수인이 매각대금 납부로 소유권이 이전되었음에도 점유자(소유자, 임차인 등)가 부동산 인도를 기피 하거나 이사협상에 응하지 않을 경우, 매수인(낙찰자)은 추가 피해를 받을 수밖에 없다. 이러한 피해를 방지하고자 점유자가 인도를 거절할 경우, 별도 소송 없이 부동산을 인도받기 위해 법원으로부터 받아내는 집행권원을 인도명령이라 한다.

인도명령 신청

인도명령은 2002년 민사집행법 시행으로 만들어진 제도이며, 그전에는 경매로 낙찰받았더라도 명도소송을 통해 부동산 인도가 이루어졌다. 법원이 매각하는 물건임에도 주택을 인도받기 위해서 명도소송을 해야 하는 번거로움 있었다. 만만치 않은 시간과 비용이 소요됐기에 입찰 경쟁률이나 낙찰가율이 낮아지는 현상이 있었고, 그에 따른 불편함과 부작용을 막고자 경매물건의 경우 낙찰자가 명도소송 없이도 강제집행 권원을 확보할 수 있도록 한 제도이다.

매수인은 매각대금 납부 6개월 이내 인도명령 신청을 할 수 있으며, 이 기간이 경과하면 명도소송을 통해 주택을 인도받을 수 있다. 인도명령 신청 시 점유자 전부 인도명령 대상이 된다. 다만 점유자가 매수인에게 대항할 수 있는 권원이 있다면(대항력 갖춘 임차인, 선순위 전세권자 등) 인도명령을 신청할 수 없다.

법원의 인도명령이 결정되면 인도명령신청인과 인도명령대상자에게 인도명령결정문을 송달 한다. 이후 신청인은 송달받은 인도명령결정문과 인도명령대상자에게 결정문이 송달됐다는 송달증명원을 가지고 법원 집행관 사무실에 강제집행을 신청하면 된다.

인도명령결정문을 받은 임차인은 대부분 인도 협상에 다시 응하는 경우가 많아 협상 카드로도 자주 활용된다. 다만 감정적으로 더 격앙되는 점유자도 있으니 사전에 인도명령결정문이 송달될 수 있음을 고지하는 것도 하나의 방법이다. 인도명령 신청으로 점유자의 인도를 압박하되, 감정적이거나 강압적으로 나가기보다 원만한 합의를 통해 명도를 완료하는 것이 가장 좋은 방법임을 명심하자.

✅ **인도명령:** 매각대금 납부 후에도 점유자가 부동산 인도를 기피 한다면 인도명령을 신청할 수 있다. 매수인은 매각대금 납부 6개월 이내 인도명령 신청을 할 수 있으며 이 기간이 경과하면 명도소송을 통해 주택을 인도받을 수 있다. 법원의 인도명령결정문으로도 점유자에게 상당한 압박을 줄 수 있기에, 협상에 다시 응하는 경우가 많다.

강제집행

부동산을 인도받기 위해 다양한 협상을 벌였음에도 불구, 점점 격앙되거나 진전이 없다면 최종적인 강제집행을 고려해야 한다. 점유자가 인도명령 결정문을 받고도 부동산을 인도하지 않았을 경우 강제집행신청서를 통해 인도명령을 집행관에 위임할 수 있다.

① 강제집행 비용

강제집행 진행에 있어 물건의 유형, 크기, 지역에 따라 비용이 발생하는데 접수비, 운반비, 보관비, 노무비가 대표적이다.

(1) 접수비 건별 10만 원~30만 원

(2) 물품 운반비용 5톤 트럭 기준 1대당 50만 원

(3) 보관 컨테이너 5톤 1개월 기준 30만 원

(4) 노무비 1인당 12만 원

이외에도 문이 잠겨 강제 개문이 필요한 경우 열쇠 업자 15만 원, 사다리차 및 특수 장비 동원 시 별도 비용이 추가되며 공휴일 또는 야간 명도 시 20%의 추가 임금이 발생한다. 법적으로 이러한 비용을 점유자에게 청구할 수 있으나 현실적으로 어렵다 보니, 입찰 시 강제집행 비용을 대략적으로나마 감안한 후 입찰가를 산정하는 것이 좋다. 대략적인 강제집행 비용은 평당 10만 원~15만 원 정도로 이해하면 쉽다. 전용면적 20평인 아파트를 강제집행하는 데 드는 비용은 대략 200만 원~300만 원 정도이다.

② 강제집행 절차

인도명령신청서 작성 → 인도명령 송달 → 강제집행 신청 → 집행관 집행계고(1회~2회) → 본집행 → 압류 동산경매 진행 → 유체동산 매각 및 종료

(1) 인도명령신청서 작성: 부동산 인도를 거절하거나 기피할 경우, 매각대금 납부 6개월 이내 신청

(2) 인도명령 송달: 인도명령신청인과 인도명령대상자에게 인도명령결정문 송달

(3) 강제집행 신청: 인도명령결정문과, 인도명령대상자에게 결정문이 송달됐다는 송달증명원을 가지고 법원 집행관 사무실에 강제집행 신청

(4) 집행관 집행계고: 강제집행 사건번호가 부여되며, 담당 집행관이 배정된다. 매수인과 협의해 집행 부동산의 제반 사항이나 짐의 양 등을 확인하기 위해 방문일정을 잡는다. 이때 집행비용이 산출되며, 집행계고 시 본인 제외 2명의 증인이 필요하다. 집행계고는 법원에 따라 1차로 종료되는 곳도 있으나 1, 2차로 나눠 계고를 진행하는 곳도 있다. 이 경우 1차 계고는 현관

문에 붙이고(증인 필요 없음), 2차 계고는 집 내부에 부착한다(증인 필요).

(5) 본집행: 강제집행 시에도 본인 제외 2명의 증인이 필요하다. 개문을 위한 열쇠 업자와 유체동산 보관을 위한 창고업자도 동행하여 강제집행이 진행된다. 집안의 물품들을 유료 창고에 보관하는 것이 원칙이며, 추후 동산 경매로 처리된다. 집행 시간은 보통 주거용 부동산 기준 1시간~2시간 내외이며, 반출 완료 시 인도집행 조서 서명날인 후 강제집행이 종료된다.

(6) 압류 동산경매 진행: 강제집행으로 압류된 유체동산을 채무자가 찾아가지 않는다면, 추후 유체동산 매각허가신청을 할 수 있다. 이후 동산경매 기일이 통지되며 물건이 보관된 장소에서 경매가 진행된다.

(7) 유체동산 매각 및 종료: 유체동산 소유자인 채무자가 경매에 참석하는 경우가 거의 없으므로 강제집행 신청자가 낙찰받아 폐기 처분하는 것이 일반적이다. 매각되지 않으면 창고 보관 비용만 계속 발생하기 때문이다.

핵심요약

강제집행

✔ 인도명령신청서 작성 → 인도명령 송달 → 강제집행 신청 → 집행관 집행계고(1회~2회) → 본집행 → 압류 동산경매 진행 → 유체동산 매각 및 종료

배당은 '채권자'들이 알아야 하는 부분으로, 보통 경매 기초 단계에서는 잘 다루지 않지만 배당을 제대로 이해해야 더 많은 물건에 입찰할 수 있기에 함께 살펴보도록 하자. 예로 대항력을 갖춘 임차인이 확정일자가 빠르고 배당신청을 한 상태라면 임차인이 보증금 전액을 배당받는지 확인 후 입찰을 결정해야 한다. 이때 배당순위나 배당받는 금액을 정확히 알지 못한다면 입찰에 어려움이 있을 수밖에 없다. 또한 당해세 등은 시기와 상관없이 우선 배당받기에 생각지 못한 변수가 발생하기도 한다. 경매를 제대로 배우고자 한다면 배당에 대한 이해는 필수다.

Chapter 6

배당

배당 시기와 순위

경매 입찰 시 임차인이 보증금 전액을 배당받아 간다면 대항력을 갖췄더라도 크게 문제가 되지 않는다. 다만 이는 전액 배당받는 조건이기에 배당 시기와 순위를 확실히 이해해야 한다. 보통 선순위 세입자가 배당신청을 했으면 가장 먼저 배당받는다고 생각하기 쉬우나 실제로는 그렇지 않다. 시기와 상관없이 우선 배당되는 권리들이 존재, 실제 대항력과 우선변제권을 갖춘 임차인이 배당요구를 했음에도 배당순위에 따라 배당받지 못하는 경우가 발생한다. 배당이 어떻게 이루어지는지 배당 시기와 순위에 대해 좀 더 자세히 알아보자.

① 배당 시기

부동산이 경매로 매각되면 절차에 따라 매각 허가 확정을 거쳐 매수인은 매각대금 납부를 한다. 경매법원은 매각대금 납부일로부터 3일 이내 배당기일을 정해 채권자에게 통지하며, 배당기일은 보통 매각대금 납부일로부터 4주 이내로 정해진다. 배당표는 배당기일 7일 전에 나오며, 3일 전 법원에 배당표원안이 비치된다.

이후 법원은 배당기일에 출석한 이해관계인과 배당을 요구한 채권자를 심문하여 배당표를 확정 후 배당을 실시한다. 배당요구종기일까지 배당 신청한 채권자에 한해 진행된다. 매각대금이 높아 채권자 모두에게 나눠줄 수 있다면 배당순위가 중요치 않겠으나, 그렇지 못한 경우가 많기에 권리의 순위에 따른다. 만약 매각대금을 모든 채권자에게 배당하고도 차액이 남는다면 소유자에게 돌아간다.

② 배당순위

순위	항목	비고
0순위	경매비용	경매 진행에 필요한 비용(집행수수료, 인지대, 감정평가비용, 송달수수료 등)
1순위	필요비와 유익비	임차인이 경매 목적물 보존에 필요한 비용 혹은 가치를 증가시키는 유익비 등의 지출이 있었다면 청구권 행사 가능
2순위	최우선변제권 • 소액임차인 최우선변제금 • 최우선 임금채권	주택임대차보호법에 의한 소액보증금 3개월 치 임금, 3년 치 퇴직금
3순위	당해세 • 국세: 종부세, 상속세, 증여세 • 지방세: 재산세, 자동차세	경매 목적물에 부과된 국세와 지방세

4순위	우선변제권
	• 대항력＋확정일자가 있는
	  임차인 보증금
	• 담보물권[(근)저당권/전세권/
	  담보가등기]
	• 당해세를 제외한 조세
		법정기일과 담보물권
		설정 순서에 따라
		배당순위를 결정

5순위	일반 임금채권	최우선변제 이외의 임금채권
6순위	조세채권	법정기일이 늦은 후순위 조세채권
7순위	공과금	산업재해보상보험료, 국민연금, 건강보험료, 고용보험료
8순위	일반채권	일반 채권자가 신청한 것

경매 투자자의 입장에서 가장 조심해야 하는 부분은 법정기일이 빠른 당해세와 조세채권이다. 이들의 배당순위는 우선변제권을 갖춘 임차인보다 먼저이기에 변수가 발생한다. 일반적으로 우선변제권을 갖춘 임차인이 배당신청을 하면 경매 진행 비용을 제외하고 가장 먼저 배당받을 거라 생각하지만 실제로는 그렇지 않다. 배당순위에 따라 당해세나 법정기일이 빠른 조세채권이 먼저 배당받음으로써 임차인이 배당받지 못한 보증금이 있다면 낙찰자가 인수해야 하기에 낭패를 볼 수 있다. 입찰자들은 사건의 이해관계인이 아니므로 당해세 여부나 조세채권의 법정기일을 알기가 어렵다. 다만 개정된 국세기본법으로 임차인 보호가 강화되며, 배당순위가 입찰자에게 우호적으로 바뀌게 되었는데, 다음 장에서 면밀히 알아보자.

핵심요약

배당 시기

- ✔ **배당기일:** 매각대금 납부일로부터 4주 이내
- ✔ **배당표:** 배당기일 7일 전에 나오며, 3일 전 법원에 배당표원안 비치
- ✔ **배당표 확정 및 배당:** 배당기일에 출석한 채권자를 심문하여
  배당표 확정, 배당 실시

배당순위

- ✔ **경매비용:** 경매 진행에 필요한 비용(집행수수료, 인지대,
  감정평가비용, 송달수수료 등)
- ✔ **필요비/유익비:** 목적물 보존에 필요한 비용 혹은 가치를
  증가시키는 유익비
- ✔ **최우선변제권:** 소액임차인 최우선변제금, 최우선 임금채권
- ✔ **당해세:** 종부세, 상속세, 증여세, 재산세, 자동차세
- ✔ **우선변제권:** 대항력+확정일자가 있는 임차인 보증금, 담보물권, 조세

개정된 국세기본법으로 바뀐 배당순위 (2023년)

개정된 법은 국세기본법과 국세징수법, 이 두 가지다. 개정된 국세기본법으로 배당순위가 어떻게 바뀌는지 자세히 알아보자.

ⓐ **국세기본법:** 국세(당해세) 배당순위가 바뀌는데, 확정일자보다 법정기일이 늦은 당해세 배분 한도만큼은 주택임차보증금이 우선변제된다.

ⓑ **국세징수법:** 보증금 1,000만 원 이상의 전월세 계약 시, 임차가 개시(입주)되기 전까지 집주인의 동의가 없더라도 집주인 미납조세 열람이 전국 모든 세무서에서 가능해진다.

① 국세기본법

출처: 기획재정부

참 고 정부안 대비 주요 수정내용 상세본

국세기본법

① 재산 소유자 변경시 국세우선원칙 규정, 주택임차보증금에 대한 국세우선원칙 적용 예외 신설 등(국기법 §35)

현 행(정부안 없음)	수 정 안

□ 경·공매시 국세와 **저당권, 임대차 보증금** 등 변제 우선순위
 	
ㅇ **(원칙)** 국세 법정기일과 저당권 등 권리설정일 중 빠른 것부터 변제
 	
ㅇ **(당해세 우선)** 해당 재산에 부과된 **상증세 및 종부세**는 법정기일과 무관하게 **우선 변제**
 	
ㅇ **(임대인 변경시 국세우선순위)**
 	
- 명시적 규정은 없으며 대법원 판례*에 따라 집행 중
 	
  * 제3자에 저당 부동산 양도 시 종전 소유자에게 저당권에 우선하는 조세 체납이 없다면 양수인(제3자)의 조세 체납액이 저당권에 우선할 수 없음
 	
 \<신 설\>
	ㅇ (좌 동)
	
	ㅇ **판례의 취지를 법에 반영**
	
	i) **(원칙)** 국세우선 원칙은 **종전 소유자 설정 권리에는 미적용**
	
	ii) **(예외)**
	
	▪ 종전 소유자에게도 각 권리 **보다 앞서는 국세체납**이 있었던 경우 그 **금액 한도 내**
	
	▪ 소유자 변경 이후 발생한 **종부세**
	
	□ <u>**당해세 적용 예외**</u>
	
	ㅇ <u>확정일자보다 **법정기일이 늦은** 당해세 배분 한도만큼은 주택 임차보증금이 우선 변제*</u>
	
	  * 우선변제만 양보하는 것이며, 임대인의 세금체납액 소멸은 아님

⟨ **수정이유** ⟩ 임차인의 주택임차보증금 보호 강화

⟨ **시행시기** ⟩ '23.4.1. 이후 매각결정(공매) 또는 매각허가 결정(경매) 하는 분부터 적용

과거 당해세의 경우 국세기본법 35조 1항에 의거 『국세 및 강제징수비는 다른 공과금이나 그 밖의 채권에 우선하여 징수한다』 하여 우선 배당되어 왔으나, 새롭게 신설된 7항은 다음과 같다.

『제3항에도 불구하고 주택임대차보호법 제3조의2 제2항에 따라 대항요건과 확정일자를 갖춘 임차권에 의하여 담보된 임대차보증금 반환채권 또는 같은 법 제2조에 따른 주거용 건물에 설정된 전세권에 의하여 담보된 채권(이하 이 항에서 "임대차보증금반환채권등"이라 한다)은 해당 임차권 또는 경매 절차를 통하여 매각되어 그 매각금액에서 국세를 징수하는 경우 그 확정일자 또는 설정일보다 법정기일이 늦은 해당 재산에 대하여 부과된 상속세, 증여세 및 종합부동산세의 우선 징수 순서에 대신하여 변제될 수 있다. 이 경우 대신 변제되는 금액은 우선 징수할 수 있었던 해당 재산에 대하여 부과된 상속세, 증여세 및 종합부동산세의 징수액에 한정하며, 임대차보증금반환채권 등보다 우선 변제되는 저당권 등의 변제액과 제 3항에 따라 해당재산에 대하여 부과된 상속세, 증여세 및 종합부동산세를 우선 징수하는 경우에 배분받을 수 있었던 임대차 보증금반환채권등의 변제액에는 영향을

당해세 우선 예외 적용 방식

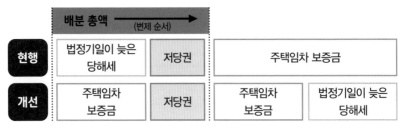

출처: 기획재정부

미치지 아니한다』 이는 지방세도 동일하게 적용된다.

쉽게 풀어보면, 개정되기 전에는 경·공매 매각 시, 대항요건 및 확정일자를 갖춘 임차권이 있더라도 당해세 우선원칙으로 인해 법정기일이 늦는 것과 관계없이 당해세가 먼저 배당받았다. 하지만 2023년 4월부터 당해세의 법정기일 전에 먼저 설정된 저당권이나 대항요건 및 확정일자를 갖춘 임차권에 대해서는 먼저 배당받는 당해세 금액만큼을 세입자에게 배분받도록 개정되었다.

즉, 확정일자보다 법정기일이 늦은 당해세에 대한 배당순위를 주택임차 보증금에 양보하도록 했다. 해당 당해세 금액만큼은 주택임차 보증금이 우선 변제되게끔 하여 임차인을 보호한 것이다. 당해세 금액만큼을 임차인에게 우선 배당해 주겠다는 것이니, 경매 입찰자와 세입자 모두에게 유리한 세법이라 볼 수 있다.

예시 1) 대항력 없는 임차인의 경우 (낙찰가 3억 5,000만 원 / 경매 진행비 제외)

권리 일자	권리 관계	종전 배당순위 (낙찰가 3억 5,000만 원)	개정 배당순위 (낙찰가 3억 5,000만 원)
2021년 1월	근저당권 2억 원	당해세 3,000만 원	임차인 3,000만 원
2022년 2월	임차인 보증금 2억 원	근저당권 2억 원	근저당권 2억 원
2023년 3월 (법정기일)	당해세 3,000만 원	임차인 1억 2,000만 원 (8,000만 원 미배당)	임차인 1억 2,000만 원 (5,000만 원 미배당)
−	−	−	당해세 0원

개정된 배당순위를 살펴보면 당해세로 배당되어야 할 3,000만 원이 임차인 보증금에 적용되어 주택임차 보증금이 우선 변제되도록 하였다. 낙찰자는 인수사항 없음(대항력 없는 임차인).

예시 2) 대항력 있는 선순위 임차인의 경우(낙찰가 2억 1,000만 원 / 경매 진행비 제외)

권리 일자	권리 관계	종전 배당순위 (낙찰가 2억 1,000만 원)	개정 배당순위 (낙찰가 2억 1,000만 원)
2021년 1월	임차인 보증금 2억 원	당해세 3,000만 원	임차인 3,000만 원
2022년 2월	근저당권 2억 원	임차인 1억 8,000만 원 (2,000만 원 미배당)	임차인 1억 7,000만 원
2023년 3월 (법정기일)	당해세 3,000만 원	근저당권 0원	당해세 1,000만 원
–	–	–	근저당권 0원
낙찰자 인수사항		보증금 2,000만 원 인수	인수사항 없음

개정된 배당순위를 살펴보면, 당해세로 배정되어야 할 3,000만 원이 임차인 보증금에 우선 적용되어, 낙찰자 인수사항이 생기지 않는 경우도 발생한다. 당해세 변수가 일부 사라지는 것이며, 세입자를 더 두텁게 보호하려는 정부 의지를 엿볼 수 있다.

② 국세징수법

국세징수법

① 임차인의 미납국세 열람제도 개선(국징법 §109)

현 행(정부안 없음)	수 정 안
□ 임차인의 미납국세 열람 제도	□ 임차인의 열람권 확대
❶ (열람권자) 주거용 건물 또는 상가건물 **임차희망자**	
❷ (열람대상) 임대인의 미납국세 금액	o (좌 동)
❸ (열람절차) ⁱ)임대차계약전에 ⁱⁱ)임대인의 동의를 받아 ⁱⁱⁱ)건물 소재지 관할 세무서장 에게 신청 가능	❸ <u>임대인 동의 없이 열람 가능한 예외 신설 등</u> i) 열람기간: 임대차계약 전 → 임대차개시일까지 ii) 예외신설 ▪ (원칙) 건물 소유자 동의를 받아 열람 신청 가능 ▪ (예외) 임대차 계약을 한 경우는 임대인의 동의 없이도 열람 신청 가능* * 임차보증금 규모가 일정 이하(시행령)인 경우는 제외 iii) 열람기관: 건물 소재지 관할 세무서 → 전국 세무서 iv) 통지의무 신설: 세무서장은 열람 내역을 임대인에게 통지

< **수정이유** > 임차인의 주택임차보증금 보호 강화

< **시행시기** > '23.4.1. 이후 열람을 신청하는 분부터 적용

출처: 기획재정부

전세 사기가 사회적 문제로 대두되며 임차인이 집주인의 국세 체납 사실을 쉽게 확인할 수 있도록 제도를 개선하였다. 보증금이 1,000만 원 초과하는 경우, 임대차 계약 후 임차가 개시(입주)되기 전까지 집주인의 동의가 없더라도 집주인 미납조세 열람이 전국 모든 세무서에서 가능해진다. 기존에는 집주인 동의를 받아야 열람이 가능했기에 국세 열람제도 실효성이 낮았으나, 제도 개선 후 이전보다 쉽게 확인할 수 있게 되었다.

미납국세 열람 적용 방식

① 임대차 계약 (입주개시일 이전)

임차인

② 미납국세 열람 (동의 없이 가능)

임대인

전국 세무서

③ 임차인의 열람 후 열람통보

출처: 기획재정부

입찰자 입장에서 당해세 변수가 일부 사라져 환영할 일이나, 법정기일을 알지 못하는 어려움은 여전히 존재한다. 다만 이번 개정법이 입찰자 입장에서 어느 정도 호재임은 분명하다.

 **핵심요약**

개정된 배당순위 (2023년)

- ✅ **국세기본법:** 확정일자보다 법정기일이 늦은 당해세 배분 한도만큼은 주택임차보증금이 우선변제
- ✅ **국세징수법:** 보증금 1,000만 원 이상의 전월세 계약 시, 임차가 개시 (입주)되기 전까지 집주인의 동의가 없더라도 집주인 미납조세 열람이 전국 모든 세무서에서 가능

Chapter 7

경매 투자
노하우

경매정보업체 백배 활용하기

좋은 물건을 쉽고 빠르게 찾으려면 경매정보업체가 제공하는 매뉴얼을 제대로 활용할 줄 알아야 하는데, 초보들의 경우 경매정보업체의 일부 메뉴만 활용하기에 유익하고 다양한 정보를 놓치는 경우가 많다. 지금부터 경매정보업체가 제공해주는 편리한 물건 검색법에 대해 하나씩 알아보자. 나는 〈두인경매〉를 바탕으로 활용법을 설명하지만, 어느 경매정보업체를 활용하더라도 제공하는 매뉴얼은 비슷하다.

(1) 경매 검색 (종합 검색)

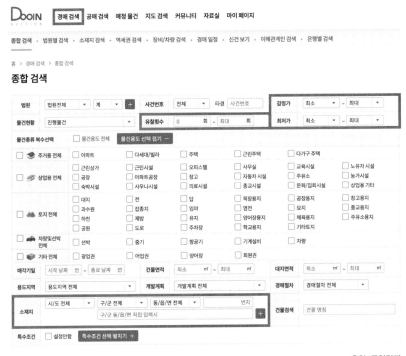

ⓐ 유찰 횟수 설정

매각 물건에 응찰자가 없어 낙찰되지 않으면 유찰되어 매각기일을 다음으로 미루고 다음 입찰 시 20%~30% 낮은 가격에 경매가 재진행된다. 다시 말해 유찰 횟수가 많을수록 할인율이 올라간다는 것이다. 물건검색 시 유찰 횟수를 최소 1회 이상으로 설정한다면, 할인된 물건을 우선적으로 선별할 수 있다.

ⓑ 감정가 및 최저가 설정

감정가는 말 그대로 감정평가사의 감정가, 최저가는 현재 진행되는 최저매각가격을 뜻한다. 감정가를 최대 1억 원으로 설정한다면 전국의 감정가 1억 원 이하의 물건들만 나타나게 되며, 최저가를 최대 1억 원으로 설정한다면 감정가가 1억이 넘더라도 유찰로 인해 현재 진행되는 최저매각가격 1억 원 이하의 물건들이 나타난다. 내가 가진 투자금을 기준으로 물건을 찾고자 한다면, 감정가 및 최저가 설정을 통해 쉽고 빠르게 물건을 찾을 수 있다.

ⓒ 물건 종류 설정

경매물건은 종류가 방대하다. 주거용(아파트, 다세대, 주택, 근린주택, 다가구주택)과 상업용(근린상가, 오피스텔, 사무실, 지식산업센터, 창고, 종교시설, 공장, 숙박 시설 등) 외에도 토지, 차량, 선박까지 그 종류와 개수가 많아 입찰하고자 하는 물건의 종류를 반드시 설정해야 한다. 일반적인 부동산 물건은 주거용과 상업용으로 나뉘며, 설정 시 매물 찾기가 한결 편해진다.

ⓓ 소재지 설정

내 주변 지역의 물건이나 투자하고 싶은 지역이 있다면 소재지 설정을 통해 쉽고 빠르게 찾을 수 있다. 보고 싶은 지역의 물건들만 추릴 수 있으며, 소재지 설정은 동과 번지까지 가능하다. 다만 범위가 너무 좁으면 경매 진행 물건이 많지 않아, 보통 시/도와 행정구역 정도만 설정한다.

설명한 대로 설정 후 물건을 찾아보았다. 참고로 〈두인경매〉에서는 검색 조건을 넣을 때마다 설정된 조건들을 우측에서 바로 확인할 수 있다.

검색조건

- 최소 1회 이상 유찰
- 최고가 5억 원 이하
- 아파트
- 경기도 소재

출처: 두인경매

	사진	관할법원/소재지/면적	감정가 최저가 낙찰가 실거래가	상태
☐		아파트 2020 타경 9155 [지도 보기] 경기 시흥시 정왕동 1787-1 611동 5층 502호 건물 59.98㎡(18.14평) / 대지권 55.7㎡(16.85평)	감 201,000,000 최 140,700,000	진행 유찰 1회 (70%)
☐		아파트 2020 타경 13857 [지도 보기] 경기 남양주시 와부읍 덕소리 462-9 덕소한강벽산메가트리움 27층 102-2703호 건물 125.11㎡(37.85평) / 대지권 30.7㎡(9.29평)	감 582,000,000 최 407,400,000	진행 유찰 1회 (70%)

　검색조건 입력 시 조건에 부합하는 물건들이 매각기일 순으로 나열되는 것을 확인할 수 있다. 이외에도 특수조건 및 인근 진행 물건, 인근 매각사례 등 경매정보업체는 다양한 정보를 제공하기에 매뉴얼만 잘 활용해도 내게 맞는 물건을 손쉽게 찾아낼 수 있다. 이러한 과정이 처음에는 익숙하지 않겠지만 꾸준히 연습하고 반복하면 물건 찾기에 많은 시간을 절약하게 될 것이다.

(2) 지도 검색

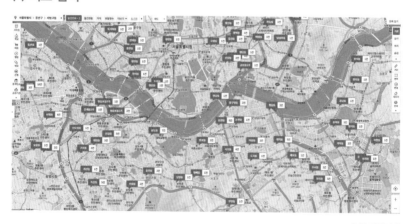

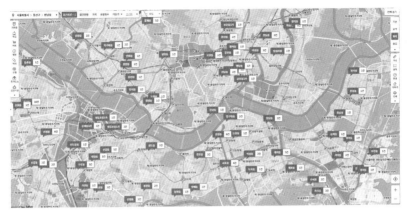

　머릿속에 어느 정도 지도가 그려진다면, 지도 검색을 통해 경매물건을 쉽고 빠르게 찾을 수 있다. 지도 검색에서도 물건 종류, 가격, 유찰 횟수 등의 조건 설정이 가능하며 설정 시 부합되는 물건들만 지도 위에 표시된다. 추가로 지하철, 학교, 은행, 마트 등도 지도 위에 나타낼 수 있으며 거리나 면적 또한 확인할 수 있다. 지도 검색은 물건의 위치, 주변 입지가 어떠한지를 한눈에 볼 수 있어 활용도가 높고 편리하다. 지도 외에 지적도, 지형도, 위성지도 등을 함께 제공한다.

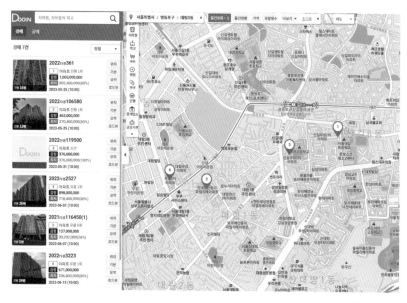

지도 검색 시 지도를 확대하면 경매물건의 개수와 해당 물건의 기본 정보들이 나타난다. 마우스 이동만으로 물건의 수와 위치를 바로 파악할 수 있으니 상당히 편리하다. 위에서 언급한 검색 방법 외에도 특수조건 선택이나 역세권 검색 등 다양한 기능들이 존재한다. 연습을 통해 자신만의 검색 기준이나 요령을 만든다면, 경매정보업체가 제공하는 정보만으로도 좋은 물건을 쉽고 빠르게 찾을 수 있다. 물건 찾는 시간이 오래 걸리고 어렵다면 그만큼 피로도가 쌓이고 경매에 흥미를 잃게 되니, 이 방법을 통해 물건 찾는 연습을 시작해보자.

집착을 버려라

경매 초보자들이 가장 흔히 하는 실수는 다름 아닌 경매물건에 대한 집착이다. 물건을 상담하며 수많은 상담자를 만났는데, 그들은 수익을 목적으로 하면서도 좋은 입지, 저렴한 가격, 좋은 층을 원한다. 주거용 아파트의 경우 'RR'(로얄동, 로얄층)에 더욱 흥분하며 입찰에 열정을 보인다. 하지만 생각해보라. 좋은 입지, 좋은 층의 아파트라면 경쟁률은 당연히 높을 것이며, 낙찰가율도 높을 수밖에 없다. 저렴한 가격에 낙찰받기가 어렵다는 것이다.

주거 목적으로 입찰하는 경우라면 물건의 입지와 'RR'에 더 높은 가격을 써내 욕심을 내는 것이 맞다. 하지만 수익이 목적이라면 좋은 물건에 집착하기보다 경쟁률과 낙찰가율이 낮은 물건을 찾는 것이 더 현명하다. 실제 같은 아파트라도 저층이나 대형 평형들은 인기 평형(25평~34평)의 'RR'보다 경쟁률과 낙찰가율이 낮아 수익을 더 쉽게 내는 경우가 많다. 물론 많은 사람이 선호하는 'RR' 아파트는 매도를 쉽게 할 수 있다는 장점이 있지만, 비

선호 아파트들은 더 낮게 낙찰받은 만큼 매도가격의 조정폭이 크기에 오히려 경쟁력이 높다. 내 물건이 최저가라면 매수자는 1명만 나오면 되기에 출구전략이 오히려 쉬우므로, 경매물건에 집착하지 말고, 수익만을 생각하며 확률이 높은 물건에 도전해보자.

소재지	경기 고양시 일산서구 탄현동 1640 일산두산위브더제니스 103동 32층		호 [일현로 97-11] 도로명 검색		
물건종류	아파트	사건접수	2021.04.09	경매구분	임의경매
건물면적	120.48㎡ (36.45평)	소유자	박	감정가	966,000,000원
대지권	21.8㎡ (6.59평)	채무자	박	최저가	(70%) 676,200,000원
매각물건	건물전부, 토지전부	채권자	우리은행	입찰보증금	(10%) 67,620,000원

입찰 진행 내용

구분	입찰기일	최저매각가격	상태
1차	2022-04-06	966,000,000	유찰
2차	2022-05-11	676,200,000	낙찰
	낙찰 807,170,000원 (84%) (응찰 : 6명 / 낙찰자 : 박 / 차순위 : 788,888,000) 매각결정기일 : 2022.05.18 - 매각허가결정 대금지급기한 : 2022.06.27 대금납부 : 2022.06.27 / 배당기일 : 2022.08.11 배당종결 : 2022.08.11		
종국결과	2022-08-11	0	배당

물건 사진

출처: 두인경매

2022년 5월 경기도 고양시에 위치한 일산두산위브더제니스 아파트 32층의 낙찰가는 8억 원이 넘었다.

소재지	경기 고양시 일산서구 탄현동 1640 일산두산위브더제니스 101동 8층		호 [일현로 97-11] 도로명 검색		
물건종류	아파트	사건접수	2021.11.04	경매구분	임의경매
건물면적	120.48㎡ (36.45평)	소유자	이	감정가	860,000,000원
대지권	21.8㎡ (6.59평)	채무자	이	최저가	(70%) 602,000,000원
매각물건	건물전부, 토지전부	채권자	주택 금융대부	입찰보증금	(10%) 60,200,000원

입찰 진행 내용

구분	입찰기일	최저매각가격	상태
1차	2022-06-21	860,000,000	유찰
2차	2022-07-26	602,000,000	낙찰
	낙찰 626,480,000원 (73%) (응찰 : 4명 / 낙찰자 : 배 / 차순위 : 624,737,000) 매각결정기일 : 2022.08.02 - 매각허가결정 대금지급기한 : 2022.09.06 대금납부 : 2022.08.31 / 배당기일 : 2022.10.13 배당종결 : 2022.10.13		
종국결과	2022-10-13	0	배당

물건 사진   사진 더 보기

　　2022년 7월 같은 아파트 8층의 낙찰가는 6억 2,650만 원이었으며, 경쟁률과 낙찰가율이 이전보다 낮음을 확인할 수 있다. 인기 많고 경쟁률 높은 물건을 입찰하여 수익률을 떨어뜨리는 것보다 경쟁률 낮은 물건을 찾아 틈새시장을 노리는 것이 좋다. 주거용 주택의 낙찰가율은 아파트 → 오피스텔 → 연립, 다세대 순이다. 바꿔 말하면 경쟁률과 낙찰가율이 낮은 다세대에서도 얼마든 기회를 찾을 수 있다는 것이다.

위기는 또 다른 기회다

현재 전세 사기가 사회 문제로 대두되며 경매로 넘어가는 물건들이 상당하다. 그 파장으로 인해 빌라 거래가 눈에 띄게 줄었고, 줄어든 수요는 월세 혹은 아파트 전세로 이동 중이다. 전세 사기로 인해 빌라 매매, 전세 거래량이 줄다 보니 자연스레 시장도 휘청거리며 위기를 맞고 있다. 거래도 잘 되지 않는 빌라가 위기라니, 조금 의아하다. 위기의 정도가 어떠한지 다음 자료를 통해 자세히 알아보자(자료는 국토부가 발표한 주택통계 자료이며, 빨간색으로 표시된 부분이 비아파트의 인허가, 착공, 준공 순의 통계자료이다).

구 분	2023		2022		전년 대비 증감		5년 대비 증감		10년 대비 증감	
	5월	1~5월	5월	1~5월	5월	1~5월	5월	1~5월	5월	1~5월
계	34,163	157,534	48,216	209,058	△29.1%	△24.6%	△6.0%	△16.8%	△19.0%	△21.5%
아파트	30,155	136,242	38,579	167,247	△21.8%	△18.5%	18.9%	△2.4%	8.3%	△1.1%
(수도권)	14,519	51,262	9,584	50,601	51.5%	1.3%	51.6%	△21.3%	36.7%	△16.0%
(서울)	522	14,235	1,260	10,888	△58.6%	30.7%	△70.8%	△2.5%	△73.0%	7.4%
비아파트	4,008	21,292	9,637	41,811	△58.4%	△49.1%	△63.5%	△57.2%	△72.1%	△66.2%

출처: 국토부

(1) 주택 인허가 실적

- **전년 대비 1월~5월 누계:** 49.1% 감소
- **5년 대비 1월~5월 누계:** 57.2% 감소
- **10년 대비 1월~5월 누계:** 66.2% 감소

구 분	2023		2022		전년 대비 증감		5년 대비 증감		10년 대비 증감	
	5월	1~5월	5월	1~5월	5월	1~5월	5월	1~5월	5월	1~5월
계	10,366	77,671	30,494	149,019	△66.0%	△47.9%	△76.6%	△56.7%	△76.0%	△57.9%
아파트	6,260	58,603	20,420	109,362	△69.3%	△46.4%	△79.2%	△54.6%	△77.2%	△52.0%
(수도권)	2,238	32,773	7,040	58,388	△68.2%	△43.9%	△85.0%	△53.1%	△83.1%	△43.9%
(서울)	488	6,727	2,532	17,852	△80.7%	△62.3%	△83.5%	△55.5%	△76.5%	△39.3%
비아파트	4,106	19,068	10,074	39,657	△59.2%	△51.9%	△71.3%	△61.9%	△73.8%	△69.4%

출처: 국토부

(2) 주택 착공 실적

- **전년 대비 1월~5월 누계:** 51.9% 감소
- **5년 대비 1월~5월 누계:** 61.9% 감소
- **10년 대비 1월~5월 누계:** 69.4% 감소

구 분	2023		2022		전년 대비 증감		5년 대비 증감		10년 대비 증감	
	5월	1~5월	5월	1~5월	5월	1~5월	5월	1~5월	5월	1~5월
계	30,062	153,145	42,744	152,278	△29.7%	0.6%	△23.8%	△19.4%	△18.9%	△13.6%
아파트	25,652	123,063	35,567	116,806	△27.9%	5.4%	△17.5%	△15.8%	△2.8%	△0.2%
(수도권)	12,627	68,183	15,963	62,262	△20.9%	9.5%	△18.0%	△7.9%	△2.3%	20.5%
(서울)	144	6,245	1,121	16,400	△87.2%	△61.9%	△94.3%	△64.2%	△94.7%	△58.7%
비아파트	4,410	30,082	7,177	35,472	△38.6%	△15.2%	△47.1%	△31.4%	△58.6%	△44.2%

출처: 국토부

(3) 준공(입주)실적

- **전년 대비 1월~5월 누계:** 15.2% 감소
- **5년 대비 1월~5월 누계:** 31.4% 감소
- **10년 대비 1월~5월 누계:** 44.2% 감소

비아파트 부문의 주택 인허가, 착공, 준공실적이 큰 폭으로 하락하며, 아파트 대체재인 빌라시장이 위기를 맞고 있다. 이런 상황이 지속된다면 총 주택 수 부족으로 전월세를 끌어올릴 원인이 된다. 지금 당장은 경매 매물이 많고 거래가 침체 중이지만 시간이 흘러 매물이 소화되는 시점에는 빌라 부족 문제가 현실이 될 수 있기에, 역발상을 통한 비아파트 투자도 하나의 방법일 수 있다. 특히 경매를 통해 소액투자, 수익형(월세) 투자를 생각하는 사람에게는 상당히 좋은 기회가 될 것이다.

소액 물건으로 그리는 빅픽처

　신축 아파트의 관심과 수요가 늘며, 재개발 재건축에 대한 관심도 자연스레 높아졌다. 하지만 정비사업이 이미 진행 중이거나 추진 중인 곳들은 재개발 프리미엄이 수억 원씩 되는 곳도 있으며, 경매로 나오더라도 경쟁률과 낙찰가율이 높아 소액 투자자들의 접근이 쉽지 않다. 내가 가진 돈이 몇천만 원 선에서 그친다면, 낡고 오래된 주택에서 기회를 찾는 것도 방법이다. 아래는 내가 보유한 소액 주택들이며, 대부분 경매로 매입하였다.

　이 주택들은 빌라와 단독주택이 혼재된 노후 지역들 내에서 대지 지분이 높다는 특징이 있다. 실제로 빌라 여덟 곳 중 네 곳은 재개발과 가로주택정비사업이 추진 중이다. 또한 장기 보유한 빌라가 아파트로 변모한 사례도 존재하는데, 인천 주안1구역(매도)과 대전 천동3구역(보유)이 그 실제 사례이다. 물론 보유한 모든 곳이 재개발 사업이 되진 않으나 가능성이 있는 노후 지역들을 선점하여 장기 보유한다면 그 한 채가 상당한 수익을 불러올 것이다.

• A주택(대전 대덕구 비래동)
　건물 전용: 50.40㎡(15.25평)
　대지 면적: 36.98㎡(11.19평)

• B주택(대전 동구 가양동)
　건물 전용: 64.06㎡(19.38평)
　대지 면적: 51.50㎡(15.58평)

• C주택(대전 대덕구 송촌동)
　건물 전용: 52.34㎡(15.86평)
　대지 면적: 32.15㎡(9.74평)

• D주택(대전 대덕구 비래동)
　건물 전용: 77.22㎡(23.40평)
　대지 면적: 89.31㎡(27.06평)

출처: 저자 제공

그렇다면 소액투자는 무조건 재개발, 재건축이 될 만한 물건이어야 할까? 그렇지 않다. 사실 정비구역으로 지정되려면 노후도, 접도율, 과소 필지, 호수 밀도 등 다양한 요건과 주민들의 동의가 필요하기에 상당한 시간과 운이 따라야 한다. 나는 소액 투자처를 대부분 수익형으로 세팅하기에 재개발이 진행되지 않더라도 월세 수익률이 높다. 이는 장기투자의 포석이 되기도 하는데 실제로 2008년 3,400만 원에 매입한 빌라를 15년이 지난 지금까지도 갖고 있다. 재개발되지 않았기에 실패한 투자사례라 볼 수 있지만, 현재 보증금 1,000만 원에 월세 40만 원을 받고 있어 임대 수익률은 대출 없이도 20%에 달한다.

대부분의 사람들이 구축 빌라는 팔기 어렵다 말하지만, 임대 수익률이 높다면 이런 빌라조차도 매매 수요가 존재한다. 빌라가 거래되지 않는 대표적 이유는 적은 수요와 가격적인 메리트가 없다는 것인데(혹은 느끼지 못하거나), 매력적인 매도가격이나 임대 수익률만 맞춘다면 빌라도 매수수요가 존재하니, 낮은 가격의 어필이 매우 중요하다고 볼 수 있다. 내가 지금껏 이 주택을 보유하는 이유는 매도가 어려워서가 아니라 초창기에 매수한 주택으로써 그만큼의 애정이 있고, 수익률 또한 높다 보니 굳이 팔 이유가 없기 때문이다.

[집합건물] 대전광역시 대덕구 송촌동

【 갑 구 】 (소유권에 관한 사항)				
순위번호	등 기 목 적	접 수	등 기 원 인	권리자 및 기타사항
3	소유권이전	2008년2월5일 제2479호	2008년1월25일 매매	소유자 대전 거래가액 금34,000,000원

【 을 구 】 (소유권 이외의 권리에 관한 사항)
기록사항 없음

-- 이 하 여 백 --

소액투자는 선택지가 많지 않아 더 많은 경험과 공부가 필요하다. 투자 금이 소액이라고 포기하지 말고, 낡은 빌라라도 매입해 수익형으로 세팅 한다면 상당한 경험과 노하우를 쌓을 수 있을 것이다. 또한 수익률이 높은 물건들은 여전히 매매 수요가 존재하기에 광역시나 대도시의 낡은 주택들을 경매로 낙찰받아 수익형으로 맞춘다면 현금흐름에도 많은 도움이 될 것이다.

몇몇은 쉽지 않은 매도 탓에 투자가치가 없다며 이런 물건 앞에서 손사래를 치기도 한다. 그러나 우리의 색안경이 기회를 날려보낼 수 있다는 사실을 알아야 한다. 모두가 선호하고 좋아하는 물건이 과연 저렴할 수 있을까? 누구나 좋은 물건과 좋은 입지를 선호하지만, 내가 가진 돈으로 고를 수 있는 선택지는 그리 많지 않다. 내가 만난 성공한 투자자 중에는 인적이 드문 시골 땅에 투자해 귀농과 농업 법인이 늘어 상당한 부를 쌓은 사람, 한적한 화성의 한 공장에 투자해 억대 수익을 올린 사람, 심지어는 아무도 사지 않겠다는 지방 빌라 수십 채를 모아 건물을 올린 사람도 있었다.

이들의 공통점은 시작이 '소액'이었다는 것과 투자에 있어서 결코 '안주하지 않았다'는 것이다. 투자금이 적다고 해서 처한 환경을 원망만 할 것인가? 아니면 공부와 경험을 통해 소액으로도 큰 결실을 맺어볼 것인가? 선택은 여러분의 몫이다.

차익형과 수익형, 둘 다 잡아라

2017년부터 2021년까지 부동산 상승에 편승하기 위해 많은 사람들이 시장에 진입했다. 이들은 오로지 차익형 투자에만 초점을 두고 아파트, 분양권, 재개발지 등 단숨에 수익을 보는 물건을 컨설팅받고 실행에 옮기다 보니 수익형 투자와 점점 더 멀어져 갔다. 실제로 수년간 수백 명에게 부동산 컨설팅을 제공하면서 수익형 투자에 대한 요청은 손에 꼽을 정도로 적었다. 까짓것, 한 채 월세 받아봐야 얼마나 되겠냐며 거절하기 일쑤였다. 부동산 시장이 장기 상승하며 수익형 투자의 매력이 줄어든 건 사실이지만, 수익형 투자는 차익형 투자와 함께 부동산 시장의 양대 축으로서 절대 지지 않는 투자법이다.

나는 부동산 투자로 성공한 사람들을 종종 만나는데, 그들에게는 수익형 투자로 부의 파이프라인을 구축했다는 공통점이 있었다. 이런 사람들은 하락장이 와도 살아남았고, 전세 사기가 극성일 때도 살아남았다. 수십 채를 가진 자도 시작은 한 채였고 현금 흐름 또한 초라했지만, 장기적으로 접근하며 튼튼한 부의 파이프라인을 만든 것이다. 우리는 수익형 투자를 겁낼 이유도, 꺼릴 이유도 없다. 은행 적금이율 3%~4% 상품에 열광하지만, 수익형 부동산은 기본 '5%＋시세차익'이며, 경매로 접근 시 임대 수익률은 6%~10%도 쉽게 맞출 수 있다. 부동산에 투자하며 양대 축(수익형＋차익형)을 모두 품고 있다면, 그것만큼 든든한 투자도 없다.

구분	차익형 부동산	수익형 부동산
투자 목적	매도를 통한 시세차익	매월 임대료를 통한 수익
부동산 종류	아파트, 분양권, 입주권, 토지, 재건축, 재개발 등	다가구주택, 다세대주택, 도시형생활주택, 오피스텔, 상가, 빌딩 등
장점	전세를 통한 관리 편의성과 갭투자 가능 실거주를 통한 투자 목적 달성	매월 현금흐름을 통한 노후대비, 시간이 흐를수록 임대수익 증가
단점	부동산 하락 시 손실 발생	시설관리, 연체 발생, 감가상각

임차권 인수조건변경부 물건 찾기
(대항력포기 확약서 제출된 물건)

주택도시보증공사(HUG)는 전세보증보험에 가입한 임차인이 전세 사고 발생 시, 전세보증금을 대신 내어주고 임대인에게 구상권을 청구하여 보증금을 회수한다. 임대인이 HUG에도 보증금을 돌려주지 않는다면 해당 주택을 경매 신청하여 보증금을 반환받는데, 대부분 대항력이 있는 물건으로 보증금이 모두 변제되지 않는다면 매각으로 소멸되지 않고 매수인이 인수(임차권 인수조건)해야 하기에 유찰이 계속될 수밖에 없는 구조다.

보증금 회수에 어려움을 겪게 된 HUG는 2021년 시세 대비 전세보증금이 과다한 물건의 유찰 방지 및 채권 회수 제고를 위해 낙찰자가 임차권을 인수하지 않는 매각조건, 즉 대항력을 포기하는 확약서를 법원에 제출하여 빠른 낙찰을 유도하고 있다. 변제받지 못하는 보증금이 있더라도 대항력을 포기하는 조건이니 경매 입찰자 입장에서는 시세 조사만 하면 되는 쉬운 물건이 된다. 이런 임차권 인수조건변경부 물건을 찾아 입찰한다면 충분히 좋은 기회로 삼을 수 있다. 그렇다면 경매 절차에서 회수하지 못한 잔여 채무는 어떻게 될까? 입찰자 입장이라면 크게 신경 쓸 필요가 없으나 HUG는 원채무자인 기존 임대인에게 잔여 채무를 구상(求償)한다.

사 건	2022타경 부동산강제경매		매각물건번호	1	작성일자	2023.01.13	담임법관(사법보좌관)	이	
부동산 및 감정평가액 최저매각가격의 표시	별지기재와 같음		최선순위 설정	2019.05.16.근저당권			배당요구종기	2022.05.16	

부동산의 점유자와 점유의 권원, 점유할 수 있는 기간, 차임 또는 보증금에 관한 관계인의 진술 및 임차인이 있는 경우 배당요구 여부와 그 일자, 전입신고일자 또는 사업자등록신청일자와 확정일자의 유무와 그 일자

점유자 성 명	점유부분	정보출처 구분	점유의 권원	임대차기간 (점유기간)	보증금	차 임	전입신고 일자, 사업자등록 신청일자	확정일자	배당 요구여부 (배당요구일자)
엄	전부	등기사항 전부증명서	주거 임차권자	2010.06.25.-	35,000,000		2010.06.25.	2010.06.25.	

〈비 고〉
엄　:주택임차권등기권자로서 주택임차권등기일은 2020.03.26.임.

※ 최선순위 설정일자보다 대항요건을 먼저 갖춘 주택·상가건물 임차인의 임차보증금은 매수인에게 인수되는 경우가 발생 할 수 있고, 대항력과 우선변제권이 있는 주택·상가건물 임차인이 배당요구를 하였으나 보증금 전액에 관하여 배당을 받지 아니한 경우에는 배당받지 못한 잔액이 매수인에게 인수되게 됨을 주의하시기 바랍니다.

등기된 부동산에 관한 권리 또는 가처분으로 매각으로 그 효력이 소멸되지 아니하는 것

매각에 따라 설정된 것으로 보는 지상권의 개요

비고란
이 사건 신청채권자는 주택임차권자 엄익원의 임대차보증금반환채권의 양수인임. 임차권자 엄익원의 승계인 주택도시보증공사는 우선변제권만 주장하고 대항력은 포기하며, 주택도시보증공사가 배당금으로 보증금 전액을 변제받지 못하더라도 임차권등기를 말소한다는 확약서 제출함.

출처: 대한민국법원 법원경매정보 매각물건명세서

임차권 인수조건이 변경된 물건들은 유료 경매정보업체의 매각물건현황이나 법원 매각물건명세서에서 확인할 수 있다.

HUG에서 인수조건변경부 경매물건 찾는 법

출처: HUG

ⓐ 포털 검색창에 HUG 검색 후, 상단 고객지원센터 클릭

출처: HUG

ⓑ 중앙 하단 공매정보 메뉴에서 경매 물건정보 클릭

경매 물건정보

☰ 총 1 건

번호	제목	상태	파일	작성일	조회
1	임차권 인수조건변경부 경매 목록	진행	X	2023-04-24	28197

출처: HUG

ⓒ 경매 물건정보 내에 임차권 인수조건변경부 경매 목록 클릭

임차권 인수조건변경부 경매목록 게시

HUG는 임차인으로부터 임대차보증금반환채권을 양수받고 주택임대차보호법 제 3조의 2 제 7항에 의거 우선변제권을 승계받은 금융기관입니다.

주택임대차보호법 제 3조의 5 및 민사집행법 제 91조 제 4항에 의하면 보증금이 모두 변제되지 않은 임차권은 매각으로 소멸되지 않고 매수인이 인수(임차권 인수조건)하여야 합니다.

그러나 우리 공사는 시세 대비 임차권 설정금액이 과다한 물건의 유찰 방지 및 채권 회수 제고를 위하여 경락인이 임차권을 인수하지 않는 매각조건으로 경매(임차권 인수조건 변경부 경매)를 진행하여 줄 것을 법원에 요청하였습니다. (붙임 목록 참고)

당해 경매절차에서 공사가 회수하지 못한 잔여 채무는 원 채무자인 기존 임대인에게 구상하므로, 경매에 관심있는 예비 매수인들께서 참고하시기 바랍니다.

※ 주의사항 ※
붙임 목록은 공사가 법원에 임차권 인수조건 변경을 요청한 목록으로 법원에 따라 인수조건 변경을 허용해 주지 않을 수 있으며, 최종적인 인수조건 변경 여부는 법원 허가에 의해 결정됩니다. 따라서 동 목록과 최종적인 인수조건 변경 허가 목록은 상이할 수 있으므로, 경매 응찰 전 반드시 대한민국법원경매정보(www.courtauction.go.kr)에서 매각물건명세서 상 조건 변경사항이 기재되어 있는지 여부를 정확히 확인하시기 바랍니다. 확인 부주의에 대한 책임은 주택도시보증공사에 있지 않음을 알려드립니다.

붙 임 임차권 인수조건변경부 경매목록 1부. 끝.

파일	인수조건변경부경매목록 '23년 3월말 기준.xlsx

출처: HUG

ⓓ 게시글 하단 목록 파일 다운로드 후 사건번호 확인

에필로그

낡은 빌라 한 채의 기적

"무언가 충분히 중요하다면,
확률이 당신에게 유리하지 않더라도 시작하라."
— 일론 머스크(Elon Musk)

뉴스나 신문을 보면 빌딩과 부동산을 투자해 수십억 원, 수백억 원을 벌었다는 연예인들의 소식을 심심치 않게 들을 수 있다. 먼 나라의 얘기처럼 들리겠지만, 이런 꿈같은 시세 상승은 비단 연예인들만의 이야기가 아니다. 부동산을 통해 이른바 건물주가 된 사람들은 대부분 높은 시세 상승과 경제적 자유를 이뤄냈고, 이는 투자만 잘해도 '부동산 드림'이 충분히 실현 가능하다는 것을 입증한다.

그렇다면, 우리도 부자가 될 수 있을까?

쉬운 일은 아니지만, 그렇다고 아주 불가능한 얘기도 아니다. 흔히 '여윳돈'이 있어야 투자를 시작할 수 있다고 생각하는데, 생각해보라. 여윳돈 10억 원이 있는 사람이 얼마나 있겠나? 대부분 수천만 원에서 1억 원 선이 고작일 것이다. 그 정도 규모의 투자로는 선택할 수 있는 물건의 폭이 좁고 시세차익 또한 적지만, 그렇다고 제자리에 머물러 있을 수만은 없는 일이다.

누구나 시작은 초라하고, 또 험난하다. 나 역시 경매로 빌라들을 낙찰받으며 건당 500만 원~1,000만 원 수익을 보며 투자 생활을 이어가던 시절이 있었다. 질 나쁜 빌라를 비싸게 낙찰받아 손해를 보기도 했고, 주택 수가 늘어남에 따라 누수 등의 문제와 각종 소송에 휘말리기까지 하며 투자 자체를 후회한 적도 많았다.

한 번은 나를 고생시키던 주택을 4년 만에 헐값에 팔았는데, 1년쯤 지났을 때 의문의 여자로부터 빌라 소유주 여부를 묻는 전화를 받았다. 나는 더 이상 주인도 아니고 생각조차 하기 싫은 주택이었기에 매도했음을 거듭 강조했고, 그렇게 전화를 끊으려는데 왠지 모를 궁금함이 생겨 뭐 때문에 그러냐고 물어보았다. 돌아온 대답은 나를 한 번 더 절망케 했다.

"아, 재개발하려고 동의서 받고 있어요."

4년 내내 나를 괴롭혀 꼴도 보기 싫던 주택이 1년 만에 모래 속 진주가 되어 나타난 것이다. 이렇듯 나는 수많은 좌절과 실패를 맛보았다. 한편으로는 이러한 실패가 없었다면 내가 지금처럼 성장할 수 있었을까 하는 생각도

든다. 십수 년간 전업투자자의 길을 걷고 있는 나도 실수하고 넘어지는데 이제 막 부동산 투자를 시작한 초보들은 오죽할까…. 혹시나 첫 투자를 시작하려는데 투자 자금이 너무 적다면 오히려 감사해야 한다. 적어도 큰돈을 날릴 일은 없으니 말이다.

어쨌든 여러 가지 크고 작은 일들을 경험하며 투자를 반복했고, 실력과 부를 쌓음은 물론 분양권·입주권·재개발지·상가·빌라·땅·아파트 등 십수 개의 부동산을 가진 전업투자자로 성장할 수 있었다. 소액으로 시작해 실패를 반복했지만 더디게나마 성장하였고, 마침내 능숙하고 노련한 투자자의 모습을 갖추게 된 것이다.

만약 투자를 처음 시작하던 내가 영끌을 통해 아파트 한 채를 매입했다면 시세차익으로 더 큰 수익을 볼 수도 있었겠지만 아마 경매를 배우지 않았을 것이다. 투자를 통한 인사이트 또한 늘리지 못했을 것이며, 실패를 통해 배우는 소중하고 값진 경험도 쌓지 못했을 것이다. 어쩌면 아파트 대출을 갚느라 이 이상의 투자는 평생토록 생각하지 못했을 수도 있다. 그러니 가진 돈이 적다고 투자를 포기하지 마라. 나를 여기까지 오게 한 것은 쓰러져 가는 빌라 한 채였다. 그것이 내 인생을 송두리째 바꾸어 놓았다. 끊임없이 공부하고 노력하기만 한다면 여러분에게도 승산이 있다.

이 책을 읽는 모든 이들이 경매의 달인이 되길 소망하며,
필드에서 경쟁자로 만날 날을 기약하겠다.

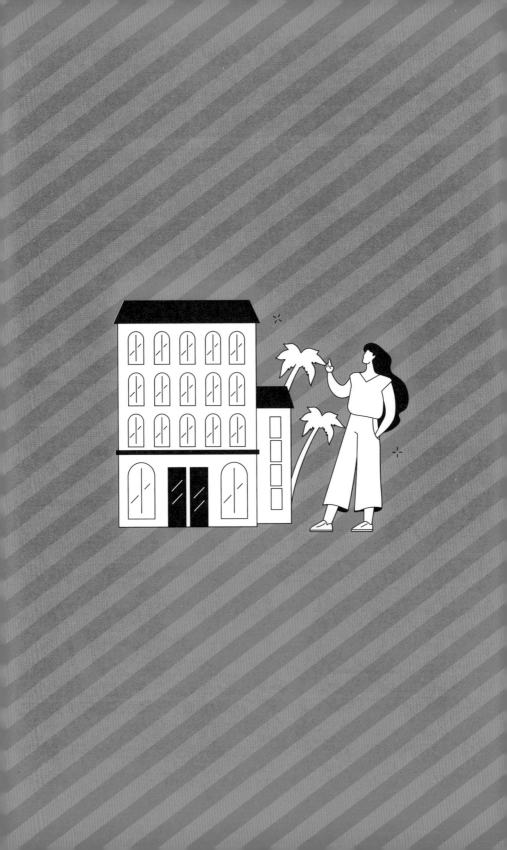

책 속 부록

경매 입찰
기재 요령

I. 기일입찰표 기재요령 (개인/법인)

■ 입찰자가 개인(자연인)인 경우 기재 요령
(대리인 기재란은 본인이 아닌 다른 사람이 위임을 받아 입찰할 경우 기재할 것)

<table>
<tr><td colspan="16" align="center">기 일 입 찰 표</td></tr>
<tr><td colspan="8">지방법원　집행관　귀하</td><td colspan="8">입찰기일 : 0000년 00월 00일</td></tr>
<tr>
<td colspan="2">사 건
번 호</td>
<td colspan="6" align="center">2019　타 경　　1234　호</td>
<td>물건
번호</td>
<td colspan="9">※물건번호가 여러 개 있는 경우에는
반드시 기재</td>
</tr>
<tr>
<td rowspan="7">입

찰

자</td>
<td rowspan="3">본인</td>
<td colspan="2">성　　명</td>
<td colspan="5" align="center">홍길동 ㊞</td>
<td colspan="2">전화
번호</td>
<td colspan="7">010 - 1111 - 2222</td>
</tr>
<tr>
<td colspan="2">주민(사업자)
등록번호</td>
<td colspan="5">331111 - 1234667</td>
<td colspan="2">법인등록
번　　호</td>
<td colspan="7"></td>
</tr>
<tr>
<td colspan="2">주　　소</td>
<td colspan="14" align="center">서울특별시 OO구 OO동 123-657번지</td>
</tr>
<tr>
<td rowspan="3">대리인</td>
<td colspan="2">성　　명</td>
<td colspan="5" align="center">임꺽정 ㊞</td>
<td colspan="2">본인과의
관　　계</td>
<td colspan="7" align="center">지인</td>
</tr>
<tr>
<td colspan="2">주민등록
번　　호</td>
<td colspan="5" align="center">441222 - 1234567</td>
<td colspan="2">전화번호</td>
<td colspan="7">010 - 2222 - 3333</td>
</tr>
<tr>
<td colspan="2">주　　소</td>
<td colspan="14"></td>
</tr>
</table>

입찰 가격	천억	백억	십억	억	천만	백만	십만	만	천	백	십	일		보증 금액	백억	십억	억	천만	백만	십만	만	천	백	십	일	
				1	2	3	4	5	6	7	8	9 원					1	0	0	0	0	0	0	0	원

보증의 제공방법	☑ 현금·자기앞수표 ☐ 보증서	보증을 반환 받았습니다. 　　　　입찰자 홍길동 대리인 임꺽정 ㊞ 　　　　　　　　(기재 후 도장날인)

■ 주의사항

1. 입찰표는 물건마다 별도의 용지를 사용하십시오, 다만, 일괄 입찰 시에는 1매의 용지를 사용하십시오.
2. 한 사건에서 입찰물건이 여러 개 있고 그 물건들이 개별적으로 입찰에 부쳐진 경우에는 사건번호 외에 물건번호를 기재하십시오.
3. 입찰자가 법인인 경우에는 본인의 성명란에 법인의 명칭과 대표자의 지위 및 성명을, 주민등록란에는 입찰자가 개인인 경우에는 주민등록번호를, 법인인 경우에는 사업자등록번호를 기재하고, 대표자의 자격을 증명하는 서면(법인의 등기사항증명서)을 제출하여야 합니다.
4. 주소는 주민등록상의 주소를, 법인은 등기부상의 본점소재지를 기재하시고, 신분확인상 필요하오니 주민등록증을 꼭 지참하십시오.
5. 입찰가격은 수정할 수 없으므로, 수정을 요하는 때에는 새 용지를 사용**하십시오.**
6. 대리인이 입찰하는 때에는 입찰자란에 본인과 대리인의 인적사항 및 본인과의 관계 등을 모두 기재하는 외에 본인의 위임장(입찰표 뒷면을 사용)과 인감증명을 제출하십시오.
7. 위임장, 인감증명 및 자격증명서는 이 입찰표에 첨부하십시오.
8. 일단 제출된 입찰표는 취소, 변경이나 교환이 불가능합니다.
9. 공동으로 입찰하는 경우에는 공동입찰신고서를 입찰표와 함께 제출하되, 입찰표의 본인란에는 "별첨 공동입찰자목록 기재와 같음"이라고 기재한 다음, 입찰표와 공동입찰신고서 사이에는 공동입찰자 전원이 간인하십시오.
10. 입찰자 본인 또는 대리인 누구나 보증을 반환 받을 수 있습니다.
11. 보증의 제공방법(현금·자기앞수표 또는 보증서) 중 하나를 선택하여 V표를 기재하십시오.

출처: 대한민국법원 법원경매정보

■ 입찰자가 법인체인 경우 기재 요령
(대리인 기재란은 본인이 아닌 다른 사람이 위임을 받아 입찰할 경우 기재할 것)

기 일 입 찰 표

지방법원 집행관 귀하   입찰기일 : 0000년 00월 00일

| 사 건
번 호 | | 2019 타 경 1234 호 | | | 물건
번호 | ※물건번호가 여러 개 있는 경우에는
반드시 기재 | | | |

입 찰 자	본인	성 명	㈜성우 대표이사 홍길동 ㉑			전화 번호	010-1111-2222	
		주민(사업자) 등록번호	123-45-67890		법인등록 번 호		111111-222222	
		주 소	서울특별시 OO구 OO동 123-657번지					
	대리인	성 명	임꺽정 ㉑			본인과의 관 계	직원	
		주민등록 번 호	441222-1234567			전화번호	010-2222-3333	
		주 소	서울특별시 OO구 OO동 89-1122번지					

입찰 가격	천 억	백 억	십 억	억	천 만	백 만	십 만	만	천	백	십	일		보증 금액	백 억	십 억	억	천 만	백 만	십 만	만	천	백	십	일	
				1	2	3	4	5	6	7	8	9	원					1	0	0	0	0	0	0	0	원

보증의 제공방법	☑ 현금·자기앞수표 □ 보증서	보증을 반환 받았습니다. ✓입찰자 ㈜성우 대리인 임꺽정 ✓㉑ (기재 후 도장날인)

■주의사항

1. 입찰표는 물건마다 별도의 용지를 사용하십시오, 다만, 일괄 입찰 시에는 1매의 용지를 사용하십시오.
2. 한 사건에서 입찰물건이 여러 개 있고 그 물건들이 개별적으로 입찰에 부쳐진 경우에는 사건번호 외에 물건번호를 기재하십시오.
3. 입찰자가 법인인 경우에는 본인의 성명란에 법인의 명칭과 대표자의 지위 및 성명을, 주민등록란에는 입찰자가 개인인 경우에는 주민등록번호를, 법인인 경우에는 사업자등록번호를 기재하고, 대표자의 자격을 증명하는 서면(법인의 등기사항증명서)을 제출하여야 합니다.
4. 주소는 주민등록상의 주소를, 법인은 등기부상의 본점소재지를 기재하시고, 신분확인상 필요하오니 주민등록증을 꼭 지참하십시오.
5. 입찰가격은 수정할 수 없으므로, 수정을 요하는 때에는 새 용지를 사용**하십시오.**
6. 대리인이 입찰하는 때에는 입찰자란에 본인과 대리인의 인적사항 및 본인과의 관계 등을 모두 기재하는 외에 본인의 위임장(입찰표 뒷면을 사용)과 인감증명을 제출하십시오.
7. 위임장, 인감증명 및 자격증명서는 이 입찰표에 첨부하십시오.
8. 일단 제출된 입찰표는 취소, 변경이나 교환이 불가능합니다.
9. 공동으로 입찰하는 경우에는 공동입찰신고서를 입찰표와 함께 제출하되, 입찰표의 본인란에는 "별첨 공동입찰자목록 기재와 같음" 이라고 기재한 다음, 입찰표와 공동입찰신고서 사이에는 공동입찰자 전원이 간인하십시오.
10. 입찰자 본인 또는 대리인 누구나 보증을 반환 받을 수 있습니다.
11. 보증의 제공방법(현금·자기앞수표 또는 보증서) 중 하나를 선택하여 V표를 기재하십시오.

출처: 대한민국법원 법원경매정보

II. 위임장 기재요령

- 본인 1 – 법인의 대리인인 경우
- 본인 2 – 개인(자연인)의 대리인인 경우 참조하여 작성

위 임 장

대리인	성 명	임 꺽 정	직업	회 사 원
	주민등록번호	441222-1234567	전화번호	032-800-8000 010-8080-1000
	주 소	서울특별시 OO구 OO동 123-657번지		

위 사람을 대리인으로 정하고 다음 사항을 위임함.

다 음

지방법원   2019   타경   1234   호 부동산

경매사건에 관한 입찰행위 일체

본인 1	성 명	㈜성우 대표이사 홍길동 (인감인)	직 업	
	사업자등록번호	123-45-67890	전 화 번 호	032-800-8000
	주 소	서울특별시 OO구 OO동 123-657번지		
본인 2	성 명	홍길동 (인감인)	직 업	
	주민등록번호	3331111-1234567	전 화 번 호	032-800-8000
	주 소	서울특별시 OO구 OO동 89-1122번지		
본인 3	성 명	(인감인)	직 업	
	주민등록번호	-	전 화 번 호	
	주 소			

*법인의 인감증명서 및 법인등기부등본 반드시 첨부 (열람용, 사본 X)
*법인인 경우에는 주민등록번호란에 사업자등록번호를 기재
*개인(자연인)의 경우 입찰자 본인의 인감증명서를 첨부 (인감증명서와 같은 도장으로 날인)

지방법원 귀중

출처: 대한민국법원 법원경매정보

Ⅲ. 공동입찰 신고서 기재요령

공 동 입 찰 신 고 서

법원 집행관   귀하

사건번호   2019 타경   1234 호
물건번호   *물건번호가 2개 이상 있는 경우 해당 물건번호를 기재할 것
공동입찰자   별지 목록과 같음

위 사건에 관하여 공동입찰을 신고합니다.

0000년   00월   00일

신청인   홍길동 외 1 인 (별지목록 기재와 같음)

※ 1. 공동입찰을 하는 때에는 입찰표에 각자의 지분을 분명하게 표시하여야 합니다.
   2. 별지 공동입찰자 목록과 사이에 공동입찰자 전원이 간인하십시오.

출처: 대한민국법원 법원경매정보

Ⅳ. 공동입찰자 목록 기재요령

공 동 입 찰 자 목 록

번호	성 명	주 소		지분
		주민등록번호	전화번호	
1	홍길동(인)	서울특별시 OO구 OO동 123-657번지 (OO지방법원)		1 / 2
		331111-1234567	010-111-2222	
2	임꺽정(인)	서울특별시 OO구 OO동 89-1122번지 (OO지방법원)		1 / 2
		441222-1234567	010-2222-3333	
	(인)	-		
	(인)	-		
	(인)	-		
	(인)	-		
	(인)	-		
	(인)	-		
	(인)	-		
	(인)	-		

출처: 대한민국법원 법원경매정보

V. 경매물건 임장 체크리스트

경매(주택)물건 임장 체크 리스트

사건 번호					주소			
권리분석	등기부 인수권리 여부							
	임차인 대항력 여부							
	기타 특이사항							
온라인조사	온라인 최저가	매매		전세		월세		
	온라인 평균 시세	매매		전세		월세		
	실거래 가격	매매		전세		월세		
현장조사	부동산 매물 1 (최저가)	매매		전세		월세		
	부동산 매물 2 (최저가)	매매		전세		월세		
	부동산 매물 3 (최저가)	매매		전세		월세		
현황조사	점유자 여부							
	외관 현황							
	내부 현황							
	주위 현황 (학교, 역, 편의시설 등)							
	호재 (교통, 개발, 편의시설 등)							
	악재 (유흥, 유해시설 등)							
기타경비	명도 예상 비용			인테리어 비용				
	미납 관리비			대출 이자				
	공실 이자			중도상환 수수료				
	취득세			중개 수수료				
	기타비용							
입찰가	자본금			대출금(예상)				
	입찰가			수익금/수익률				

출처: 저자 제공

VI. 기일입찰표

[전산양식 A3360] 기일입찰표(흰색)   용지규격 210mm×297mm(A4용지)

(앞면)

기 일 입 찰 표

지방법원 집행관 귀하   입찰기일 :   년   월   일

사 건 번 호		타 경 호	물 건 번 호	※물건번호가 여러개 있는 경우에는 꼭 기재

입 찰 자	본인	성 명		㊞	전화 번호	
		주민(사업자) 등록번호		법인등록 번 호		
		주 소				
	대리인	성 명		㊞	본인과의 관 계	
		주민등록 번 호		전화번호	–	
		주 소				

입찰 가격	천 억	백 억	십 억	억	천 만	백 만	십 만	만	천	백	십	일		보증 금액	백 억	십 억	억	천 만	백 만	십 만	만	천	백	십	일	
													원													원

보증의 제공방법	□ 현금·자기앞수표 □ 보증서	보증을 반환 받았습니다. 입찰자 ㊞

주의사항.
1. 입찰표는 물건마다 별도의 용지를 사용하십시오, 다만, 일괄입찰시에는 1매의 용지를 사용하십시오.
2. 한 사건에서 입찰물건이 여러개 있고 그 물건들이 개별적으로 입찰에 부쳐진 경우에는 사건번호외에 물건번호를 기재하십시오.
3. 입찰자가 법인인 경우에는 본인의 성명란에 법인의 명칭과 대표자의 지위 및 성명을, 주민등록란에는 입찰자가 개인인 경우에는 주민등록번호를, 법인인 경우에는 사업자등록번호를 기재하고, 대표자의 자격을 증명하는 서면(법인의 등기사항증명서)를 제출하여야 합니다.
4. 주소는 주민등록상의 주소를, 법인은 등기부상의 본점소재지를 기재하시고, 신분확인상 필요하오니 주민 등록증을 꼭 지참하십시오.
5. **입찰가격은 수정할 수 없으므로, 수정을 요하는 때에는 새 용지를 사용하십시오.**
6. 대리인이 입찰하는 때에는 입찰자란에 본인과 대리인의 인적사항 및 본인과의 관계 등을 모두 기재하는 외에 본인의 위임장(입찰표 뒷면을 사용)과 인감증명을 제출하십시오.
7. 위임장, 인감증명 및 자격증명서는 이 입찰표에 첨부하십시오.
8. 일단 제출된 입찰표는 취소, 변경이나 교환이 불가능합니다.
9. 공동으로 입찰하는 경우에는 공동입찰신고서를 입찰표와 함께 제출하되, 입찰표의 본인란에는 "별첨 공동입찰자목록 기재와 같음"이라고 기재한 다음, 입찰표와 공동입찰신고서 사이에는 공동입찰자 전원이 간인 하십시오.
10. 입찰자 본인 또는 대리인 누구나 보증을 반환 받을 수 있습니다.
11. 보증의 제공방법(현금·자기앞수표 또는 보증서)중 하나를 선택하여 ☑표를 기재하십시오.

출처: 대한민국법원 법원경매정보

VII. 위임장

(뒷면)

위 임 장

대리인	성 명		직업	
	주민등록번호	–	전화번호	
	주 소			

위 사람을 대리인으로 정하고 다음 사항을 위임함.

다 음

지방법원   타경   호 부동산

경매 사건에 관한 입찰행위 일체

본인 1	성 명		(인감인)	직 업	
	주민등록번호	–		전 화 번 호	
	주 소				
본인 2	성 명		(인감인)	직 업	
	주민등록번호	–		전 화 번 호	
	주 소				
본인 3	성 명		(인감인)	직 업	
	주민등록번호	–		전 화 번 호	
	주 소				

　＊ 본인의 인감 증명서 첨부
　＊ 본인이 법인인 경우에는 주민등록번호란에 사업자등록번호를 기재

지방법원 귀중

출처: 대한민국법원 법원경매정보

VIII. 명도확인서

명 도 확 인 서

사건번호 :

이 름 :

주 소 :

  위 사건에서 위 임차인은 임차보증금에 따른 배당금을 받기 위해 매수인에게

목적부동산을 명도하였음을 확인합니다.

첨부서류 : 매수인 명도확인용 인감증명서 1통

                           년   월   일

                  매 수 인   (인)

                  연락처(☎)

           지방법원   귀중

☞유의사항
1) 주소는 경매기록에 기재된 주소와 같아야 하며, 이는 주민등록상 주소이어야
   합니다.
2) 임차인이 배당금을 찾기전에 이사를 하기 어려운 실정이므로, 매수인과 임차
   인간에 이사날짜를 미리 정하고 이를 신뢰할 수 있다면 임차인이 이사하기 전
   에 매수인은 명도확인서를 해줄 수도 있습니다.

출처: 대한민국법원 법원경매정보

IX. 부동산인도명령 신청서

부동산인도명령신청서

수입인지
1,000원

사건번호 : 20   타경   부동산강제(임의)경매

신 청 인 : ○ ○ ○
   (주소)

피신청인 : ○ ○ ○
   (주소)

신 청 취 지

피신청인은 신청인에게 별지 목록 기재 부동산을 인도하라는 재판을 구합니다.

신 청 이 유

위 사건에 관하여 신청인(매수인)은 20   . . 매각대금을 낸 후 피신청인
(□채무자, □소유자, □부동산 점유자)에게 별지 기재 부동산의 인도를 청구하
였으나 피신청인이 이에 불응하고 있으므로, 민사집행법 제136조 제1항의 규정
에 따른 인도명령을 신청합니다.

20   . . .

신청인(매수인)   (서명 또는 날인)

(전화번호 :   )

○○지방법원 (○○지원) 귀중

※ 유의사항
1. 매수인은 매각대금을 낸 뒤 6개월 이내에 채무자·소유자 또는 부동산 점유자에 대하여
   부동산을 매수인에게 인도할 것을 법원에 신청할 수 있습니다.
2. 괄호안 네모(□)에는 피신청인이 해당하는 부분을 모두 표시(☑)하시기 바랍니다(예를 들
   어 피신청인이 채무자 겸 소유자인 경우에는 "☑채무자, ☑소유자, □부동산 점유자"로 표
   시하시기 바랍니다).
3. 당사자(신청인+피신청인) 수×3회분의 송달료를 납부하시고, 송달료 납부서(법원제출용)를
   제출하시기 바랍니다.

출처: 대한민국법원 법원경매정보

X. 매각결정취소 신청서

매각결정취소 신청서

사건번호

매수인

부동산표시

매수인이 매수한 위 부동산에는 아래와 같은 사유가 있으므로 위 사건에 관한 매각허가결정을 취소하여 주시기 바랍니다.

아   래

202 .   .   .

매수인   인

법원   귀중

출처: 대한민국법원 법원경매정보

무조건 싸게 사는 ⚒
부동산 경매

1판 1쇄 발행 2023년 10월 4일
1판 2쇄 발행 2023년 10월 20일

지은이 네이마리(백희진)
발행인 김형준

책임편집 박시현
마케팅 신혜진
디자인 design ko

발행처 체인지업북스
출판등록 2021년 1월 5일 제2021-000003호
주소 경기도 고양시 덕양구 삼송로 12, 805호
전화 02-6956-8977
팩스 02-6499-8977
이메일 change-up20@naver.com
홈페이지 www.changeuplibro.com

ISBN 979-11-91378-42-9 (13320)

체인지업북스는 내 삶을 변화시키는 책을 펴냅니다.

*일러스트 및 아이콘은 Freepik.com의 이미지를 활용했습니다.